AF469871

MARCUS

LAKANAL

AVEC PRÉFACE DE

PASCAL DUPRAT

Edition ornée d'un Portrait et d'un Autographe

12993

PARIS
C. MARPON ET E. FLAMMARION, ÉDITEURS
1 à 7, Galeries de l'Odéon et rue Rotrou, 4

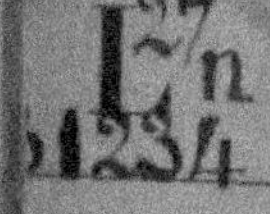

L^{27}_n
31234

LAKANAL

PAR

MARCUS

12993

FOIX
IMPRIMERIE TYPOGRAPHIQUE BARTHE & Cie
1879

27
17
31234

MARCUS

LAKANAL

AVEC PRÉFACE DE

PASCAL DUPRAT

Edition ornée d'un Portrait et d'un Autographe

PARIS
C. MARPON ET E. FLAMMARION, ÉDITEURS
1 à 7, Galeries de l'Odéon et rue Rotrou, 4

UN MOT AU LECTEUR

Le département de l'Ariège, qui vit naître Lakanal, se propose de lui élever une statue. Jamais hommage n'aura été mieux mérité. Il y a eu des acteurs plus bruyants dans ce grand drame politique qui, sur la fin du dernier siècle, a changé la face de la France : il n'y en a pas eu de plus honnête et de plus utile.

Qu'on lise ces pages qui viennent de lui être consacrées par un de ses compatriotes comme un premier hommage de la piété publique pour cette noble mémoire : on y verra d'un coup d'œil ce que la Révolution dut à Lakanal. Son principal mérite, sa véritable originalité fut de comprendre mieux que d'autres que, pour affranchir les hommes, il fallait affranchir les esprits. De là, cette ardeur qu'il déploya, au milieu même des tempêtes qui grondaient autour de lui, pour créer partout des foyers de lumière : de là, ces écoles, ces institutions littéraires ou scientifiques dont il dota la France et qui sont encore aujourd'hui une des parties les plus précieuses de notre patrimoine intellectuel.

Nous n'avons que trop de marbres ou de bronzes qui sollicitent notre culte pour de prétendus grands hommes, qu'une sorte de pudeur devrait dérober aux regards de la foule. Que Lakanal ait sa statue : ce ne sera pas seulement un honneur décerné à un citoyen qui en est digne : ce sera aussi, ce sera surtout un hommage rendu à la conscience publique.

PASCAL DUPRAT.

Imp. [illegible] frères Place du Caire, 2. Paris

Lakanal Représentant du peuple délégué par la Convention nationale, dans les Départemens de la Dordogne, Becd'ambès, lot, lot et garonne,

au président de la Convention nationale.

un Décret du 24 Brumaire m'ordonne de suivre, à Bergerac, l'établissement d'une manufacture d'armes. un autre du 27 du même mois m'enjoint d'aller à l'armée de l'ouest m'occuper de son organisation. J'espérois donner en peu de mois, à la patrie, une ressource considérable en armes. déja le local, les usines nécessaires étoient achetés. le premier mouvement étoit donné aux travaux, et je me promettois de créer facilement cette manufacture, sans qu'il en coutat un sou au trésor public, ni un murmure à la justice, quand tout-à-coup ma destination change et paralyse mes projets. je ne sais à quel décret obéir, tous deux sacrés pour moi, me sont parvenus officiellement, tous deux m'imposent des obligations que je suis également jaloux de remplir, mais que je ne puis concilier, cependant le terme approche, sans qu'il me paraisse possible de me décider. Citoyen président prie la Convention de prononcer sur mon incertitude et je pars ou je reste au gré de sa volonté.

Lakanal

LAKANAL

PAR

MARCUS

—

« L'homme qui sait penser ne saurait être esclave. »
« Je fais tout avec le levier de l'opinion, rien avec le tranchant de la guillotine. »
« N'oublions pas que si la régénération des Etats s'exécute par l'explosion de la force, elle ne se maintient que dans le recueillement de la vertu. »
LAKANAL.

Pour apprécier, avec toute l'impartialité nécessaire, l'esprit, le caractère et l'action d'un homme acquis à la période la plus tourmentée, mais la plus féconde, de la Révolution française, la première condition est de se placer dans le temps et dans le milieu où cet homme a vécu, et non dans le milieu et dans le temps où l'on vit soi-même ; de se pénétrer des sentiments et des passions qui ont animé et dirigé cet homme, et non de lui prêter ses propres sentiments et ses propres passions ; surtout lorsque cet homme, à une haute conception de la morale, a joint le sentiment et l'amour les plus purs de la Patrie et de l'Humanité.

Telle est la préoccupation qui nous a principalement guidé dans le cours de cette étude, toutes les fois que nous avons été amené à sortir de notre rôle de compilateur pour faire œuvre de critique.

I

Dans une notice biographique, lue le 2 Mai 1857 à la séance annuelle de l'académie *des sciences morales et politiques*, notice que nous admirerions sans réserve si elle ne reflétait par moments outre mesure les préjugés, aujourd'hui d'ailleurs bien affaiblis, dit-on, de l'auteur à l'égard du régime républicain, M. Mignet dit :

« Un jour, je vis arriver chez moi, avec le vieil uniforme de l'Institut, tel qu'on le portait sous le Directoire, un homme qui avait la stature encore droite, les cheveux abondants et noirs, dont le visage était grave, le regard contenu, la bouche sévère, les manières décidées et polies, le langage spirituel et sentencieux, et qui semblait appartenir à un autre temps.

« C'était M. Lakanal.

« Cet énergique vieillard, alors âgé de 75 ans, ne paraissait point en avoir soixante. Une intelligence ferme, des habitudes tempérantes, une constitution robuste, qui avait résisté aux solitudes âpres ou énervantes du Kentuki et de l'Alabama, tout comme aux secousses convulsives de la Révolution, et qu'avait entretenue l'activité dans la modération, lui avaient conservé la santé du corps et la vigueur de l'âme. Il disait, avec autant de vérité que d'esprit : « Mon ex- « trait de baptême est vieux, mais non pas moi ; « et quand on me donne un grand âge, je ré- « ponds comme Moncrif à Louis XV : on me le « donne, mais je ne le prends pas. »

« Il le prenait si peu, qu'il se maria et eut un fils à soixante-dix-sept ans, et qu'il célébra le quatre-vingtième anniversaire de sa naissance en partant, à pied, *le 14 juillet* 1842, de la rue Royale St-Antoine, pour aller herboriser sur les coteaux de Montmorency, comme l'avaient fait son maître J.-J. Rousseau et son ami Bernardin de Saint-Pierre. »

« Lakanal !... C'était une bien belle tête ; je l'ai connu dans ma jeunesse, » s'écriait dernièrement Pascal Duprat, dans une conférence sur l'*Instruction sous la Convention*, qu'il nous donnait au *cercle scolaire de Neuilly*, associant, dans un même sentiment de gratitude, aux noms de Condorcet et de Lanthenas, celui de Lakanal. Noble élan d'admiration, qui, à 20 années d'intervalle, ajoute une précieuse note au portrait tracé par M. Mignet, dont nous allons poursuivre le récit :

« Joseph Lakanal naquit le 14 juillet 1762 à Serres, dans les Pyrénées. Sa famille appartenait à la bourgeoisie du Midi, qui avait une existence plus libre que celle du Nord. Un de ses oncles, engagé dans les ordres, devint, au commencement de la Révolution, évêque constitutionnel de Pamiers. (1) Lui-même fut élevé dans la congrégation enseignante des Pères de la doctrine chrétienne. Il y fit des études brillantes. Il puisa dans cette corporation l'esprit de liberté philosophique. M. Lakanal se consacra de bonne heure à l'instruction, sans se vouer à la prêtrise.

« Il était latiniste habile à l'âge de 15 ans, lorsque ceux qui l'avaient élevé l'admirent à en élever d'autres et firent de lui leur collègue.

« De régent de cinquième, modeste début de son enseignement, il devint par degrés régent de quatrième à Moissac, de troisième à Gimont, de seconde à Castelnaudary, et professeur de rhétorique à Périgueux et à Bourges. Enfin, après s'être fait recevoir docteur ès-arts à l'université d'Angers, il enseignait la philosophie à Moulins, lorsque le choix de ses concitoyens du département de l'Ariége l'appela à siéger dans la *Convention nationale*.

« Il avait alors trente ans. Il partageait les idées les plus extrêmes du temps. Il croyait la France, malgré son étendue et ses traditions, capable de se gouverner avec la liberté la plus absolue, dans l'égalité la plus nouvelle, et il vota l'établissement de la République. Il regardait l'autorité monarchique comme une inconséquence aux yeux de la raison et comme

(1) Bernard Font, ancien curé de Serres, qui avait été le précepteur de Lakanal au village; noble et grande intelligence éclairée par un esprit tolérant et large.

un attentat envers le peuple, et il en vota l'abolition. Le malheureux Louis XVI lui parut coupable parce qu'il avait été roi, et traître envers la Révolution pour en avoir réprouvé quelques entreprises et pour l'avoir sourdement menacée, bien qu'il l'eût si faiblement combattue, et il vota sa mort. Vote à jamais déplorable qui frappa du même coup la vraie liberté avec la monarchie, et la justice avec le monarque ; vote ingrat envers cette grande race de conquérants nationaux et des organisateurs populaires de la France qui, après lui avoir donné l'unité territoriale la plus forte, la législation civile la plus perfectionnée, lui reconnaissaient les droits politiques les plus étendus ; vote cruel et inhabile qui, par le meurtre royal, devait conduire à tant d'autres meurtres et livrer la Révolution ensanglantée à l'anarchie et au despotisme ! »

Voilà comment parle, en 1857, M. Mignet académicien, avec un peu plus d'entraînement que n'avait parlé M. Mignet historien, dans sa très remarquable *histoire de la Révolution française.* Et voici comment parle simplement l'histoire (M. Mignet le savait pourtant mieux que personne) dans les circonstances où Lakanal fut appelé à y jouer le rôle politique et social dont l'examen est le principal objet de ce travail pour lequel un aperçu rapide de la transformation survenue en France, à cette époque, nous paraît une préface nécessaire.

II

Lorsque Louis XVI arriva au trône, le trésor public, mis au pillage par les guerres, les amours dévorantes, les somptueuses folies et les déprédations de ses prédécesseurs, était vide. Pressuré comme une éponge, le peuple, — la seule classe encore taillable et corvéable à merci, — ne pouvait plus rien donner. L'impôt ne rentrant pas, ou peu s'en faut, et le crédit ne prêtant plus, un déficit énorme et des besoins toujours les mêmes, forcèrent la Cour à convoquer les *Notables* du royaume, afin d'en obtenir des subsides, en attendant de meilleurs jours. Mais les notables qui, jusque là, ne s'étaient occupés d'impôts que pour en percevoir à leur profit, trouvèrent mauvais et dangereux qu'on les priât d'y suppléer, même exceptionnellement, par des subsides. Ils refusèrent donc tout secours, et obligèrent la Cour de recourir au moyen héroïque employé par la royauté en pareil cas, aux *Etats généraux*.

Mais, comme le fait remarquer M. Mignet lui-même dans son histoire de la Révolution, « toutes les fois que le gouvernement n'a pas assez et qu'il demande, s'il s'adresse aux prêteurs, il leur doit son bilan; s'il s'adresse aux contribuables, il leur doit un concours au pouvoir. Aussi, les emprunts amenèrent les compte-rendus; et les impôts, les Etats généraux : deux choses, dont la première plaça l'autorité sous la juridiction de l'opinion, et la deuxième, sous celle du peuple. »

Ainsi donc, en présence du refus des notables, le roi s'était adressé à la nation entière, représentée par des députés des Etats provinciaux. Grâce à la philosophie du siècle et au progrès scientifique qui rompait déjà ses langes, l'élément plébéien de ces Etats s'était considérablement accru dans ces derniers temps, en nombre et en importance. Louis XVI croyait n'avoir convoqué dans ce bas peuple que des sujets soumis et obéissants, des contribuables dociles et silencieux. Il arriva que les représentants de ces sujets, instruits des droits de l'homme et du peuple par les œuvres de Montesquieu, Voltaire, Rousseau, se présentèrent avec des *cahiers* où, à côté de l'expression des doléances et des misères de ce peuple, se trouvait l'affirmation énergique de ses droits.

Ceci était tout simplement une puissance, une royauté nouvelles qui se dressaient tout à coup devant l'ancienne puissance, la séculaire royauté.

Une telle attitude ne pouvait être du goût de l'arrière petit-neveu de Louis XIV et des gentilshommes de sa cour. Confondant un siècle avec un autre, l'effervescence irrésistible d'une Assemblée nationale avec l'humeur frondeuse et passagère d'un simple corps judiciaire, le roi déclara « qu'il ferait seul le bonheur de son peuple, » et, après avoir entouré les Etats d'une force armée considérable, il les menaça de les dissoudre s'ils ne se bornaient pas au rôle que ses ministres leur traçaient. Et cela dans un langage qui fut relevé par Mirabeau dans les termes que l'on sait : — « Messieurs, j'avoue que ce que vous venez d'entendre pourrait être le salut de la patrie, si les présents du despotisme n'étaient pas toujours dangereux. Quelle est cette insultante dictature ? l'appareil des armes, la violation du temple national pour vous commander d'être heureux !... Qui vous fait ce commandement ? votre mandataire. Qui vous donne des lois impérieusement ? votre mandataire, qui doit les recevoir de vous ; de nous, Messieurs, qui sommes revêtus d'un sacerdoce politique et inviolable ; de nous enfin de qui seuls 25 millions d'hommes attendent un bonheur certain parce qu'il doit être consenti, donné et reçu par tous. Mais la liberté de vos délibérations est enchaînée; une force militaire environne l'Assemblée. Où sont les ennemis de la nation ? Catilina est-il à nos portes ?... Je demande qu'en vous couvrant de votre dignité, de votre puissance législative, vous vous renfermiez dans la religion de votre serment: il ne nous permet de nous séparer qu'après avoir fait la constitution. »

Puis, au marquis de Brézé, grand maître des cérémonies, venu, sur ces entrefaites pour sommer, au nom du roi, les députés de se séparer : « Allez dire à votre maître que nous sommes ici par l'ordre du peuple et que nous n'en sortirons que par la puissance des baïonnettes. »

Certes, ces magnifiques et fières paroles du grand tribun révolutionnaire sont gravées dans la mémoire de tous ; nous ne les reproduisons ici que parce qu'elles renfermaient tout le programme de la Révolution : l'affirmation de la souveraineté nationale, la résistance légale au nom de cette souveraineté, et, cette résistance méconnue, le recours légitime à l'insurrection.

La mise à exécution de ce programme suivit de près. — Mais, de cette lutte mémorable, nous ne pouvons signaler que quelques étapes, celles qui nous sont indispensables pour arriver à notre sujet. Les voici, en quelques mots : la prise et la destruction de la Bastille, le 14 juillet, par le peuple de Paris, la formation des Etats-Généraux en *Assemblée Constituante*, l'envahissement du palais de Versailles, la translation de la résidence royale de Versailles à Paris devenu la capitale de la Révolution, et enfin l'élaboration et la proclamation de la Constitution dite de 1791, qui attribuait à la Nation la toute puissance législative, et, en cette matière, n'accordait à la Royauté que la suspension temporaire des décrets de l'Assemblée.

Un tel pacte réduisait, comme l'on voit, dans

le domaine législatif, le pouvoir, jusque-là absolu, du Monarque à un rôle de *veto*; il ne pouvait longtemps convenir ni à ce monarque, ni aux hautes classes de la *noblesse* et du *clergé*, par le même coup dépossédées. Hautes classes et monarque conspirèrent donc aussitôt pour rentrer dans leurs privilèges et leurs pouvoirs.

Déjà les frères du roi, partis pour l'étranger avec les principaux gentilshommes de la cour, agitaient l'Europe contre leur Patrie et s'assemblaient en armes aux frontières, pendant que, de son côté, le clergé, réfractaire à la nouvelle Constitution, travaillait les paysans à l'intérieur.

Cependant, l'Assemblée veillait. Par trois décrets mémorables, elle mit bon ordre à ces menées.

Le premier de ces décrets sommait le frère aîné du roi, depuis Louis XVIII, réfugié à Coblentz, de rentrer dans les deux mois, sous peine de trahison; le second traitait de conspirateurs et déclarait passibles de la peine de mort les émigrés français qui, passé le même délai, seraient encore à l'état de rassemblement au-delà des frontières; Le troisième déclarait suspects de rébellion contre la loi, et privait des pensions que la constitution avait eu la magnanimité de leur laisser, les ecclésiastiques réfractaires qui refuseraient plus longtemps de prêter serment à cette constitution.

Le roi accéda au premier de ces décrets; mais il apposa, avec un entêtement inflexible, son *veto* sur les deux autres.

Le résultat de cette attitude fut une recrudescence dans les menées que ces mesures avaient pour but de refréner. C'était le premier acte de révolte du roi contre la nation, le premier acte de sa haine contenue et sourde contre la constitution qu'il avait jurée. C'était une déclaration formelle de guerre.

L'Assemblée le sentit; mais, magnanime, et contenue par la force même de son droit, elle se borna à adresser un avertissement au roi.

Les paroles prononcées à cette occasion eurent sur la marche de la Révolution une action trop considérable, poar que nous n'en reproduisions pas les principaux accents.

« Elevons-nous, s'écria le représentant Isnard, élevons-nous, dans cette circonstance, à la hauteur de no re mission. Parlons aux ministres, au roi, à l'Europe entière, avec la fermeté qui nous convient. Disons à nos ministres que jusqu'ici la Nation n'est pas très satisfaite de la conduite de chacun d'eux ; que désormais ils n'ont à choisir qu'entre la reconnaissance publique et la vengeance des lois, et que par le mo' *responsabilité* nous entendons la mort.

« Disons au roi que son intérêt est de défendre la Constitution ; qu'il ne règne que par le peuple ; que la nation est son souverain, et qu'il est sujet à la loi.

« Disons à l'Europe que le peuple français, s'il tire l'épée, en jettera le fourreau ; qu'il n'ira le chercher que couronné des lauriers de la victoire ; que si les cabinets engagent les rois dans une guerre contre les peuples, nous engagerons les peuples dans une guerre à mort contre les rois. Disons-lui que tous les combats que se livreront les peuples, par ordre des despotes, ressemblent aux coups que deux amis, excités par un instigateur perfide, se portent dans l'obscurité ; si la clarté du jour vient à paraître, ils jettent leurs armes, s'embrassent et châtient celui qui les trompait. De même si, au moment où les armées ennemies lutteront avec les nôtres, le jour de la philosophie frappe leurs yeux, les peuples s'embrasseront à la face des tyrans détrônés, de la terre consolée, du ciel satisfait. »

Cette résolution de l'Assemblée fut transmise par une députation au roi, et Vaublanc, organe de cette députation, s'exprima ainsi :

« Sire, à peine l'Assemblée nationale a-t-elle porté ses regards sur la situation du royaume, qu'elle s'est aperçue que les troubles qui l'agitent encore ont leur source dans les préparatifs criminels des émigrés français. Leur audace est soutenue par des princes allemands qui méconnaissent les traités signés entre eux et la France, et qui affectent d'oublier qu'ils doivent à cet empire le traité de *Westphalie* qui garantit leurs droits et leur sûreté. Ces préparatifs hostiles, ces menaces d'invasion commandent des armements qui absorbent des sommes immenses que la Nation aurait versées avec joie entre les mains de ses créanciers.

« C'est à vous, sire, à les faire cesser. C'est à vous de tenir aux puissances étrangères le langage qui convient au roi des français. Dites-leur que partout où l'on souffre des préparatifs contre la France, la France ne peut voir que des ennemis ; que nous garderons religieusement le serment de ne faire aucune conquête ; que nous leur offrons le bon voisinage, l'amitié inviolable d'un peuple libre et puissant ; que nous respecions leurs lois, leurs usages, leur constitution ; mais que nous voulons que la nôtre soit respectée. Dites-leur enfin que si des princes d'Allemagne continuent de favoriser des préparatifs dirigés contre les Français, les Français porteront chez eux, non pas le fer et la flamme, mais la liberté. C'est à eux de calculer quelle peut être la suite de ce réveil des nations. »

Pressé par ce langage, Louis XVI fit auprès des princes coalisés des démarches en apparence énergiques ; mais le principal d'entre eux, le roi de Bohême et de Hongrie, son beau-frère, sachant quels sentiments les dictaient, n'en tint aucun compte.

La guerre fut donc déclarée. Elle se signala par des revers successifs pour nos troupes mal préparées pour cette campagne, sous les ordres de Rochambeau, Lafayette, Dillon et Dumouriez.

A la nouvelle de ces revers, qui ouvraient la France à l'invasion, l'indignation fut grande à Paris. Le peuple s'ameuta ; et à la suite d'un défilé menaçant devant la barre de l'Assemblée, il envahit les Tuileries.

On connaît les incidents de cette fameuse journée du 20 juin où le roi, dans ses appartements, juché sur une table se coiffa du bonnet phrygien et but le vin que lui tendait un insurgé dans son verre. Condescendance que les historiens ont diversement interprétée. Ne nous inspirant que des événements eux-mêmes, nous dirons que la patience était facile à Louis XVI : Les coalisés, victorieux, n'accouraient-ils pas à son secours ? Encore quelques jours, et Brunswick, avec son armée d'Allemands et d'émigrés, exécuterait ses menaces en écrasant la France révoltée, en mettant en poudre la Constitution populaire, et en rétablissant la royauté dans son pouvoir absolu.

Qu'on ne s'étonne donc plus si le roi, l'oreille tendue aux pas de l'ennemi, n'entendit point la voix de Vergniaud qui lui disait : « O roi, qui, sans doute, avez cru, avec le tyran Lysandre, que la vérité ne valait pas mieux que le mensonge, et qu'il fallait amuser les hommes par des serments, comme on amuse les enfants avec des osselets ; qui n'avez feint d'aimer les lois que pour conserver la puissance qui servirait à les braver ; la Constitution, que pour qu'elle ne vous précipitât pas du trône où vous aviez besoin de rester pour la détruire ; pensez-vous nous abuser par d'hypocrites protestations ? Pensez-vous nous donner le change sur nos malheurs par l'artifice de vos excuses ? Etait-ce nous défendre que d'opposer aux soldats étrangers des forces dont l'infériorité ne laissait pas même d'incertitude sur leur défaite ? Etait-ce nous défendre que d'écarter les projets tendant à fortifier l'intérieur ? Etait-ce nous défendre que de ne pas réprimer un général qui violait la Constitution, et d'enchaîner le courage de ceux qui la servaient ? La Constitution vous laissa-t-elle le choix des ministres pour notre bonheur ou notre ruine ? Vous fit-elle chef de l'armée pour notre gloire ou notre honte ? Vous donna-t-elle enfin le droit de sanction, une liste civile et tant de prérogatives pour perdre constitutionnellement la Constitution et l'empire ? Non non, homme que la générosité (1) des Français n'a pu rendre sensible, que le seul amour du despotisme a pu toucher, vous n'êtes plus rien pour cette Constitution que vous avez si indignement violée, pour le peuple que vous avez si indignement trahi. »

Vaines objurgations, avertissements inutiles ! Louis XVI, disons-nous, n'écoutait point ; il ne prêtait l'oreille qu'aux exhortations qui lui venaient du dehors.

Mais si le roi n'écoutait pas, le peuple écoutait, lui. Il écouta surtout les paroles de Brissot s'écriant, à quelques jours de là, à cette même tribune de l'Assemblée :

« Le péril où nous sommes est le plus extraordinaire qu'on ait encore vu dans les siècles passés. *La patrie est en danger* ! — Non pas qu'elle manque de troupes ; non pas que ses

(1) On lui avait pardonné sa fuite (arrestation à Varennes).

troupes soient peu courageuses, ses frontières peu fortifiées, ses ressources peu abondantes. Non ; elle est en danger parce qu'on a paralysé ses forces. Et qui les paralysait ? un seul homme ; celui-là même que la Constitution a fait son chef, et que des conseillers perfides faisaient son ennemi ! On vous dit de craindre les rois de Hongrie et de Prusse ; et moi je dis que la force principale de ces rois est à la Cour, et que c'est là qu'il faut la vaincre d'abord. On vous a dit de frapper sur les prêtres réfractaires par tout le royaume, et moi je dis que frapper sur la Cour des Tuileries, c'est frapper les prêtres d'un seul coup. On vous dit de poursuivre tous les intrigants, tous les factieux, tous les conspirateurs, et moi je dis que tous disparaissent si vous frappez sur le cabinet des Tuileries, car ce cabinet est le point où tous les fils aboutissent, où se trament toutes les manœuvres, d'où partent toutes les impulsions. La nation est le jouet de ce cabinet. Voilà le secret de notre position ; voilà la source du mal ; voilà où il faut porter le remède. »

Le peuple donc entendit ce langage ; et, entre ces exhortations patriotiques et les sommations insolentes du duc de Brunswick prêt à mettre la France à feu et à sang, il n'hésita point. Il se leva en armes dans la journée du *10 août* et s'empara, après une lutte sanglante, des Tuileries et du roi, qui fut enfermé au Temple, d'où il ne devait sortir que pour passer en jugement.

III

Dans l'intervalle, l'Assemblée législative déclarait ses pouvoirs expirés et les remettait à la nation. Celle-ci élisait la *Convention* où Lakanal était envoyé par ses concitoyens de l'Ariége en compagnie de *Vadier*, *Clausel*, *Campmartin*, *Espert* et *Gaston*.

Le jugement du roi fut une des premières questions qui s'imposa à cette Assemblée.

On pense que nous n'avons pas la prétention de reproduire ici, même par ses grands côtés, le procès de Louis XVI. Pressé que nous sommes d'aborder l'attitude personnelle de Lakanal dans ce procès, nous ne retracerons pas la série des chefs d'accusation exposés par Mailhe dans son rapport et par Robert Lindet dans son acte d'accusation. Nous ne reproduirons pas davantage, malgré le poids dont elles pesèrent dans la discussion préliminaire, les considérations d'intérêt national et de salut public développées tour à tour par St-Just, Robespierre et Grégoire, et qui frappèrent si vivement l'esprit de l'Assemblée. Non ; ces considérations pourraient paraître excessives, même à cette heure, à des esprits encore prévenus. Nous nous en tiendrons donc aux suprêmes avertissements, pleins de passion patriotique, contenus dans les extraits de discours qu'on vient de lire, et nous dirons : telles furent les circonstances dans lesquelles le représentant Lakanal, lorsque son tour de vote sur la question « *Quelle peine sera infligée* » fut venu, motiva par les paroles suivantes son verdict :

— « Un vrai républicain parle peu. Les motifs de ma décision sont là (la main sur le cœur). Je vote pour la mort. »

Le vote eut lieu à la tribune et à l'appel nominal. Le lugubre appel, presque toujours précédé d'une déclaration et parfois même d'un discours, fut long. Il dura toute cette froide et interminable nuit du 16 janvier. Il résonne encore dans les profondeurs de l'histoire comme le glas de la monarchie.

L'Assemblée, ayant déclaré à l'*unanimité* que Louis était coupable, la peine de mort fut prononcée à la majorité de 35 voix sur 721 votants.

Parmi les membres de la minorité, les uns (les Girondins) avaient voté la mort avec sursis ; les autres (ceux de la droite) la détention ou le bannissement. Plusieurs d'entre eux avaient proposé de soumettre au peuple, convoqué dans ses districts, le jugement de l'Assemblée, comme si l'Assemblée ne concentrait pas tous les pouvoirs ; comme si le peuple, dans ce temps de crise suprême, de vie ou de mort pour son droit souverain, n'avait pas déféré à ses élus la plénitude de ce droit.

Lakanal se prononça contre cette proposition, avec une indignation qui dévoilait et flétrissait en même temps les sentiments hypocrites de ses auteurs :

— « Si le traître Bouillé, dit-il, si le fourbe Lafayette et les intrigants ses complices, votaient sur cette question, ils diraient *oui*. Comme je n'ai rien de commun avec ces gens, je dis *non*. »

Ici encore la majorité se retrouva, consciente, ferme, résolue, dominant toute faiblesse naturelle, pour confirmer son arrêt de mort. Cet arrêt, on peut le juger impartialement aujourd'hui ; il fut simplement l'acte du *Droit* accomplissant le *Devoir*. Parlant, depuis, de son propre vote, qui avait été la mort, l'intègre, le juste, le sage Carnot l'a déclaré : « Nul *devoir* ne m'a jamais tant coûté. »

Et de fait, ils ne pouvaient, ces hommes de devoir, s'empêcher de condamner à la dernière peine un homme qui avait conspiré contre la Patrie, appelé contre elle l'étranger, forfait à son serment. Soldat, général, il eût été exécuté pour un tel crime ; roi, pouvait-il être innocenté. Il avait pu oublier qu'il n'était plus, comme ses ancêtres, souverain absolu, maître de faire, même le mal, à son peuple ; ce peut être là son excuse, mais ses juges pouvaient-ils y arrêter seulement leur esprit !

Soyons sincères, la justice du peuple fut véritablement ici la justice de Dieu.

D'ailleurs, sur cette grave question, l'histoire a dit son mot ; elle a dit, par la bouche de son plus digne interprète, Michelet : « La Patrie est sacrée, et qui la livre, en meurt. »

Le 21 janvier, Louis XVI porta la tête sur l'échafaud. On sait ce qui suivit. Le roi exécuté, sa tête jetée aux peuples de l'Europe et à leurs souverains, — à ceux-ci comme un défi et à ceux-là comme un exemple, — la nation fit un pacte avec la mort. Elle indiquait en outre par cet acte comment elle traiterait au besoin les conspirateurs, les ennemis de l'intérieur.

Malheureusement ces ennemis étaient nombreux et résolus.

Pleins de confiance dans le succès des armées ennemies, ils aiguisaient dans l'ombre leurs poignards. Dans leur impatience, ils en percèrent Lepelletier Saint-Fargeau, provoquant par cet assassinat de terribles représailles.

Mais comme, par un malheur plus cruel encore dans des mouvements de cette nature, si violents et si emportés, les hésitations, même les mieux intentionnées, sont jugées hostiles ; comme dans de tels moments d'agitation populaire et de trouble moral, les passions personnelles se mêlent fatalement aux passions patriotiques ; comme les excès appellent les excès, et les exécutions les exécutions; on frappa sans considération, ni merci, ainsi que frappent dans leur haine implacable les factions déchaînées.

Alors périrent successivement, et coup sur coup, les Girondins, les Hébertistes, les Dantonistes.

En tombant des premiers (Vergniaud l'avait prédit), *comme Saturne, la Révolution dévorait ses enfants...* — Souvenirs cruels, sacrifices horribles des discordes civiles où l'histoire impartiale a quelquefois de la peine à distinguer les victimes des bourreaux, car les bourreaux de la veille sont les victimes du lendemain ; où il semble que le peuple, pour naître, doive déchirer le sein de la patrie, comme l'enfant le sein de sa mère, et auxquels nous laisserons leur voile douloureux pour n'envisager que les résultats politiques acquis et les obstacles surmontés.

Les obstacles, on les connaît : un million d'ennemis amassés à toutes les frontières, aux Alpes, aux Pyrénées, sur le Rhin, sur la Meuse, sur l'Escaut, sur la Manche ; la Vendée soulevée ; 62 départements sur 82, insurgés à la voix des Girondins. Lyon, Marseille, Bordeaux, tout le midi, en rébellion ; Toulon, la clef de la France à cette époque, livrée par un général royaliste à la flotte Anglaise ; le gouvernement britannique soutenant cette masse de conjurés et d'ennemis avec son or.

IV

Cependant, au comité de *Salut public* institué pour la circonstance, et dont le nom seul indique la mission, Barrère avait dit :

« La liberté est devenue la créancière de tous les citoyens ; les uns lui doivent leur industrie, les autres leur fortune ; ceux-ci leurs conseils, ceux-là leurs bras; tous lui doivent leur sang. — Ainsi donc tous les Français, tous les sexes, tous les âges, sont appelés par la patrie à défendre la liberté. Toutes les facultés physiques ou morales, tous les moyens politiques ou industriels lui sont acquis ; tous les métaux, tous les éléments sont ses tributaires. Que chacun occupe son poste dans le mouvement national et militaire qui se prépare. Les jeunes gens combattront ; les hommes mariés forgeront les armes, transporteront les bagages et l'artillerie, prépareront les subsistances ; les femmes travailleront aux habits des soldats, feront des tentes et porteront leurs soins hospitaliers dans les asiles des blessés; les enfants mettront le vieux linge en charpie ; et les vieillards, reprenant la mission qu'ils avaient chez les anciens, se feront porter sur les places publiques ; ils enflammeront le courage des jeunes guerriers ; ils propageront la haine des rois et l'unité de la République. Les maisons nationales seront converties en casernes; les places publiques, en ateliers ; le sol des caves servira à préparer le salpêtre ; tous les chevaux de selle seront requis pour la cavalerie ; tous les chevaux de voiture, pour l'artillerie ; les fusils de chasse, de luxe, les armes blanches et les piques serviront pour le service de l'intérieur. La République n'est qu'une grande ville assiégée ; il faut que la France ne soit plus qu'un vaste camp. »

Et ce que l'orateur républicain avait dit fut fait, sous la direction et l'impulsion des commissaires envoyés dans ce but par le comité de *salut public* dans les départements.

Lakanal fut un des premiers désignés pour une de ces missions. Elle eut pour théâtre les départements de Seine-et-Marne et de Seine-et-Oise.

Les moyens qu'il employa, dans cette circonstance, furent ceux que nous le verrons mettre en œuvre, avec un succès merveilleux, dans le département de la Dordogne, moyens que nous allons trouver développés dans une très-intéressante et très-précieuse notice, publiée en 1875 par M. Clamageran, sous le titre : *Le conventionnel Lakanal, son administration dans le département de la Dordogne*. Ces moyens, nous pouvons les indiquer déjà : le patriotisme, la justice, le désintéressement, l'égalité, l'huma-

*

nité, l'appel le plus sympathique au concours des municipalités établies.

Voici en quels termes, le 24 mars 1793, il rendit compte à la Convention de sa première mission :

« Citoyens, je viens de parcourir, avec mon « collègue Mauduit, le département de Seine- « et-Marne, et, quoique l'aristocratie s'agite « dans tous les sens pour égarer l'opinion, les « citoyens que ce département doit fournir « pour la défense de la liberté sont prêts à « voler aux frontières. »

Puis, parlant d'une perquisition opérée à leur passage dans l'Oise au château de Chantilly, il dit :

« Les ouvertures que l'on a faites dans les « murs, pour faciliter les fouilles, ont offert à « nos regards surpris des tours entièrement « ignorées, des trappes secrètes sur des caveaux « profonds, des escaliers mouvants, et tout ce « que la féerie présente de plus romantique pour « épouvanter les esprits crédules et timorés. »

Mais la plus précieuse des découvertes qu'ils firent là, fut, en outre de sommes considérables d'or et d'argent, des correspondances manuscrites du roi, de Marie-Antoinette, de Mlle Elisabeth, de Necker, de Calonne, de la Dubarry, des plans secrets des campagnes du prince de Condé, des ouvrages de Louis XV, une collection d'histoire naturelle, et autres documents dont il est inutile de faire ressortir l'importance et l'intérêt.

Les départements du bassin de la Dordogne, particulièrement imprégnés de royalisme et travaillés par l'esprit séparatiste des Girondins, exigeaient des commissaires aussi fermes qu'habiles. Lakanal fut désigné, seul cette fois, pour remplir, dans ces régions, le même mandat qu'il venait d'exercer dans le Nord ; mandat redoutable, si l'on songe qu'il concentrait dans les mêmes mains, et sans contrôle, tous les pouvoirs, car celui qui en était investi était à la fois législateur, juge suprême, général.

Sa mission s'étendait sur quatre départements : la *Dordogne*, la *Gironde*, le *Lot*, le *Lot-et-Garonne*. Il fixa sa résidence à Bergerac, point central et commode, sur la Gironde, d'où il pouvait, plus facilement que de tout autre lieu plus important, faire rayonner son activité et son empire sur ses administrés.

Chargé de ses pouvoirs le 17 nivôse, nous dit M. Clamageran, Lakanal se rend promptement à son poste, car nous avons de lui une lettre du 28 nivôse qui indique bien le caractère, à la fois philosophique et pratique, de l'homme investi par la Convention d'une aussi difficile et aussi importante mission. La voici :

« 28 nivôse an II. (Décembre 1794).

« Lakanal, représentant du peuple, invite tous « les maires et procureurs de la commune de « Périgueux à lui transmettre, sans aucun délai, « des réponses précises aux questions suivantes :

« 1° Les secours dus à nos frères indigents

« sont-ils organisés dans votre commune?

« 2° Les écoles primaires sont-elles en activité?

« 3° Quels sont les besoins et les ressources « de vos hospices de secours?

« 4° Est-il facile de fonder dans votre com« mune une maison d'économie rurale, dont le « but serait l'avancement de l'histoire de la na« ture, particulièrement appliquée aux progrès « de l'agriculture, du commerce et des arts; « une bibliothèque populaire qui deviendrait en « quelque sorte l'école des adultes et le sanc« tuaire de la liberté, car les lettres font haïr « l'esclavage parce qu'il dégrade; elles le font « plus vivement sentir dans les âmes plus vive« ment exercées à la pensée. Il ne l'ignorait « pas cet arabe, fondateur d'une religion basée « sur le mensonge : il fit livrer aux flammes les « bibliothèques, monument formidable du des« potisme qu'il voulait fonder.

« 5° Quels sont les embellissements *utiles* dont « est susceptible votre cité? »

Saisissons au passage, dans la bouche d'un de ses plus ardents représentants, la manifestation du génie créateur et organisateur de cette Convention qui, au milieu de ses luttes gigantesques pour le salut de la France, jetait partout les bases de la nouvelle société que la Révolution s'était donné pour tâche de fonder sur les ruines du régime féodal.

« Citoyens, dit-il, on me reproche d'injustes « préférences, parcequ'il faut que la calomnie

« s'attache à l'homme qui sert son pays, comme « la fumée suit la flamme. Aujourd'hui que je « suis expressément chargé du département « de la Dordogne, je prouverai que tous les « citoyens qui l'habitent sont également mes frères. « Il est deux serments que j'ai faits du fond de « mon âme, et dont les caractères ne s'efface- « ront qu'avec mon sang : 1° d'écraser tous les « fripons, tous les intrigants, tous les hypocrites « de patriotisme ; 2° de verser tant de bienfaits « sur le département de la Dordogne qu'il soit « en France ce que la vallée de Tempée fut dans « la Grèce.

« Salut et fraternité.

« LAKANAL. »

« Au milieu de toutes ses préoccupations (dit M. Clamageran, dont nous allons piller le travail à plaisir), Lakanal n'oubliait pas la position de Périgueux. Sa première lettre, en prenant po ses- sion de son poste, n'était pas un vain assemblage dé phrases sans portée, mais un programme. Ce qu'il disait devait se faire. Le premier objet de son attention fut la position des citoyens les plus malheureux, les plus dignes de pitié par conséquent.

« Le 16 pluviôse, il adresse à Périgueux les missives suivantes, enregistrées le 20 du même mois :

« Bergerac, 16 pluviose an II de la République une et indivisible.

« Aux agents du comité de secours à Périgueux.

« Frères,

« Je me hâte d'acquitter la dette des âmes « sensibles ; je vous assure des fonds pour « soulager l'infortune et le malheur. J'aurais dé- « siré, avant d'agir, de connaître le mode de « distribution que vous avez adopté, mais la « faim ne s'ajourne pas.

« Lakanal. »

« La disette était terrible, en effet, dans la Dordogne, et les villes luttaient de patriotisme et de privations pour assurer à tous les citoyens la part de nourriture indispensable à la vie. — A Bergerac, les souffrances étaient aussi grandes, et la sollicitude de Lakanal n'était pas moins vive et moins efficace. Se transportant d'une partie du département à l'autre, le délégué de la Convention pourvoyait aux besoins des districts appauvris, par les ressources de ceux qui étaient plus favorisés. Il écrivait de Belvès à la société populaire de Bergerac :

« Estimables amis,

« J'ai votre confiance, vous avez la mienne. « Je reviens aujourd'hui parmi vous pour m'oc- « cuper sans relâche de votre bonheur. Recevez- « moi comme il convient à des hommes libres « et égaux devant les lois. Point de marque ex-

« térieure de joie ! un serrement de main de
« l'amitié vaut mieux pour Lakanal que toute
« la pompe des fêtes..... On m'a dit que vous
« étiez à la demi-livre ; c'est trop peu. Je veux
« que mes frères les Bergeracois soient bien !
« Soyez tranquilles, je réponds sur ma tête de
« vos subsistances tant que je serai parmi vous.

« Votre ami,

« Lakanal. »

Et ce qu'il disait, répéterons-nous après M. Clamageran, ce qu'il disait avec cette bonhomie patriarcale, sous l'expression à la fois sentencieuse et naïve de laquelle on sent battre le cœur, il le faisait par des arrêtés précédés de considérations empreintes de la plus haute philanthropie. Nous n'en voulons pour preuve que l'exemple suivant :

« Considérant que, dans une République,
« l'indigence est un crime social, les secours
« publics une dette commune, l'instruction un
« besoin pour tous ;

« Considérant que le pauvre, sur lequel ont
« pesé le plus les sacrifices commandés par la
« Révolution, s'est montré l'ami constant et le
« zélé défenseur de l'indépendance nationale ;

« Considérant que le riche n'est digne de ses
« droits politiques qu'autant qu'il est le père
« du pauvre, l'appui de l'orphelin, la consolation
« du vieillard ;

« Considérant que l'homme fortuné est bon
« ou mauvais citoyen ; que, dans le premier

« cas, il est doux pour lui de secourir ses
« frères indigents et de préparer, par l'éducation,
« le bonheur des générations qui s'avancent ;
« que, dans le second cas, la société pourrait
« le vomir de son sein et qu'elle use d'indulgence
« s'i elle se borne à réclamer une partie de
« son superflu pour assurer le nécessaire à une
« partie de ses enfants ;

« Arrête : etc. »

« Pour agir vite, ajoute M. Clamageran, l'administrateur procéda en dehors de toutes les voies usuelles, trop lentes en présence des besoins urgents. »

Et il cite un long arrêté qui est trop important pour que nous ne le reproduisions pas dans son entier ; car, en outre de son originalité propre, il apparait encore comme la mise en pratique des principes et des moyens indiqués dans le discours de Barrère cité plus haut.

« Républicains, les routes qui coupent le
« département de la Dordogne sont dans un
« délabrement épouvantable; le commerce languit,
« l'industrie sommeille, les convois militaires
« se traînent lentement, les défenseurs de la
« liberté usent dans les fatigues des voyages
« ces forces qui auraient commandé à la vic-
« toire. Bientôt, la Patrie et l'amitié, ce doux
« mariage des âmes, perdront tous leurs droits ;
« les amis de la liberté ne pourront plus com-
« muniquer entr'eux et resserrer les liens qui
« unissent leurs âmes fraternelles ; les saisons

« et notre coupable torpeur auront réalisé le
« vœu du despotisme : *isoler pour régner.*
« Citoyens, l'instance de nos besoins appelle
« des remèdes violents et prompts. Loin de nous
« les formes paresseuses usitées jusqu'ici ;
« suivre la marche routinière dans la confec-
« tion de nos chemins, ce serait imiter l'exemple
« de ce grand-maître de Malte qui, averti que
« ses pages n'avaient plus de chemises, dit à
« ses gens : *qu'on sème du chanvre pour faire*
« *des chemises à ces messieurs.*

« Le mal est exalté à sa dernière période ;
« frappons-le comme il sied à des hommes
« libres ; or, vous le savez, les coups des hom-
« mes libres sont les coups de la foudre ! Eh
« bien ! traitons les chemins comme nous traitons
« les traîtres, — *révolutionnairement !* — Le mou-
« vement révolutionnaire est déjà réglé par le
« représentant du peuple et les quatre ingénieurs
« du département ; les oscillations en sont cal-
« culées avec une précision géométrique. Tout
« est discuté, pondéré avec le calme de la rai-
« son et le sang-froid de la sagesse ; la ma-
« chine une fois impulsée, avant que le soleil
« ait quitté trois fois l'horizon, le travail sera
« terminé ; tous les chemins du département
« seront réparés à la fois. Ce sera là un exem-
« ple unique et sublime que la Convention
« nationale apprendra avec enthousiasme pour
« le redire à la France, à l'Europe, à la postérité.

« Ce jour à jamais mémorable, le représentant

« du peuple et tous les fonctionnaires publics,
« revêtus des marques extérieures de la loi, et
« la bêche nourricière à la main, donneront
« l'exemple du travail à tous les citoyens, et
« l'époque de cet acte de la force incommensu-
« rable d'un peuple libre sera consacrée par
« une fête nationale au chef-lieu de la Dordogne.

« Des commissaires de canton ont été ap-
« pelés pour recevoir du représentant du peuple
« et des quatre ingénieurs du département toutes
« les instructions de détail qu'ils transmettront
« à leurs concitoyens pour régulariser l'élan
« patriotique qui va nous immortaliser. La
« veille, une décharge de mousqueterie, répétée
« de poste en poste, annoncera, dans tous les
« points du département, le jour de la consom-
« mation de ce grand œuvre. Ce jour-là, la
« population entière de la Dordogne sera rangée
« en masse sur les chemins ; les hommes
« iront chercher les pierres, les briseront,
« creuseront les fossés ; les femmes et les
« enfants chargeront les brouettes, éten-
« dront le cailloutage ; les vieillards en-
« courageront les travailleurs par leur présence
« et leurs suffrages. Hommes et femmes, jeunes
« et vieux, riches et pauvres, tous travailleront.
« Ici, la Patrie met en faction tous les citoyens.
« Loin de nous, ce jour-là, la molle indolence
« des procédés monarchiques. Tout doit rece-
« voir les formes républicaines de la liberté.
« Chaque citoyen doit porter le pain qui doit

« réparer ses forces usées par le travail : *le « riche en portera pour le pauvre*. Que tous « les traits de courage, de dévouement civique « qui vont signaler cette expédition soient re- « cueillis avec un respect religieux ; le repré- « sentant du peuple les transmettra à la Con- « vention nationale qui en enrichira les annales « de la vertu. Sans doute, il serait un mauvais « citoyen celui qui, dans cette fête républicaine, « ne prendrait pas une part active aux travaux. « Les sentinelles vigilantes de la République, « les Sociétés populaires en dresseront le tableau, « et la Convention nationale, imitant un grand « exemple, donné par l'aréopage de Lacédémone, « déclarerait à ces égoïstes froids et sans en- « trailles : qu'il leur est permis de ne pas ai- « mer la Patrie. »

La municipalité, électrisée par ce langage, qui peut nous paraître déclamatoire, à nous sceptiques du XIXe siècle, mais qui, aux yeux des hommes de ce temps, n'était que grand comme la tâche qu'il traçait, la municipalité, disons-nous, y répondait aussitôt par l'appel suivant adressé à la population :

« Citoyens, le représentant du peuple vous engage à être vous-mêmes les instruments de votre félicité; il vous invite à soulager une nation généreuse que des dépenses indispensables grèvent assez ; il vous prie, au nom de la République que vous chérissez, de faire à votre intérêt, et particulièrement à la patrie, le sacrifice de quelques journées pour réparer vos chemins. Par ce moyen, vous établirez une correspondance facile avec vos frères ; vous rendrez à l'agriculture des bestiaux qui souvent périssent de fatigue ; et enfin, vous réparerez les pertes immenses que des siècles d'oubli et de despotisme vous ont occasionnées. Comptez sur la reconnaissance publique ; comptez sur l'admiration qu'un pareil travail, digne des plus beaux jours de Rome, inspirera à tous les vrais amis de la République. Que chacun de vous s'empresse de répondre à la juste idée que tous ceux qui nous environnent ont dû concevoir de nos généreux sacrifices ! Tous ceux offerts à la Patrie sont la récompense de ceux qui les font avec un sentiment pur.

« La municipalité croirait avoir méconnu ses concitoyens si elle usait du droit de réquisition qui lui est attribué ; ce serait à regret qu'elle se verrait obligée d'employer ces moyens ; elle se borne à faire à ses administrés les invitations suivantes, convaincue du zèle que chacun mettra à remplir les devoirs sacrés qu'une urgente nécessité lui impose. »

Et elle fixait les moyens pratiques de ses résolutions par un arrêté de 33 articles dont les suivants suffiront à donner une idée :

« Art. 19. — Les citoyens âgés de 15 à 35 ans se muniront chacun d'un pic, pioche ou bigot.

« Art. 20. — Ceux âgés de 35 à 50 ans devront se munir chacun d'une pelle.

« Art. 21. — Ceux au-dessus de 50 ans apporteront chacun un marteau de forgeron ou de maçon destiné à écraser les pierres.

« Art. 22. — Les enfants au-dessous de 15 ans et toutes les citoyennes, seront munis d'un panier ou *paillasson* assez grand pour contenir les pierres ou la terre que leur forces leurs permettront de transporter. . . . . »

« C'est ainsi, s'écrie M. Clamageran, que put se réaliser cette entreprise extraordinaire d'un immense travail exécuté en si peu de jours, et qui a laissé des souvenirs légendaires dans la population de la Dordogne »

C'est que dans l'homme étrange que nous étudions, avec le regret de ne pouvoir que glaner dans les actes de sa vie, il y avait un apôtre.

Qu'on en juge par les extraits ci-après d'une autre de ses proclamations *à ses frères du département de la Dordogne.*

« Républicains,

« Le cri perçant du malheur retentit cha-
« que jour à mon oreille et déchire mon âme
« sensible. Des hommes, qui ne voient jamais
« de superflu dans leur opulence, poursuivent
« infatigablement devant les tribunaux des famil-
« les qui tirent à peine le nécessaire d'un tra-
« vail pénible ; ils éternisent des procès dont
« elles ne peuvent supporter les frais dévorants ;

« vampires publics, ils se gonflent de la subs-
« tance des pauvres, tels que les vers s'alimentent
« dans la partie blessée des corps.....

« Honorable esclave des lois, je ne peux pas
« atteindre ces pirates judiciaires par la force
« de l'autorité nationale ; je ne peux pas rompre
« la gradation hiérarchique des tribunaux ;
« mais qu'ils n'espèrent pas, ces brigands attitrés,
« échapper plus longtemps au noble courroux
« de la vertu, et faire encore baisser devant
« eux la gloire de la justice humiliée....

« Le plus beau rôle qu'on puisse jouer sur
« la terre, c'est d'être le défenseur officieux de
« l'indigence ; eh bien ! je m'en impose dès
« aujourd'hui le rôle honorable... Oui, j'en-
« trerai dans l'arène judiciaire ; j'y convoque-
« rai le peuple ; j'y plaiderai la cause des fils
« aînés des Etats populaires, *les pauvres* ; je
« soulèverai contre leurs cruels oppresseurs
« l'indignation générale ; je les flétrirai d'un
« opprobre durable ; j'opposerai à leur bri-
« gandage tout l'éclat de la résistance à l'op-
« pression, et je jure de ne les abandonner
« qu'aux pieds de l'échafaud !

« Battue par les orages politiques, la France
« commande à ses véritables enfants de s'unir
« pour la défendre ; leur division est le dernier
« espoir du despotisme. Eh quoi ! l'intérêt, le
« sordide intérêt, vous rend sourd à la voix
« pressante de la Patrie, et vous vous dites
« républicains ! Ignorez-vous que pour mériter

« ce titre glorieux, *le plus beau qu'on puisse* « *porter sur la terre*, il faut savoir immoler « sa vie comme Décius, ses enfants comme « Brutus, son ressentiment comme Camille ? On « tenterait en vain de faire descendre la Ré- « publique au niveau des conceptions étroites « de la vanité humaine, des vexations de la « cupidité.

« Arrête :

« Art. 1er — Au nom de la Patrie en larmes, « au nom de l'amour que j'ai voué à mes frères « de la Dordogne, je les invite tous à terminer, « par la voie de l'arbitrage, les procès qui les « divisent ; et, ce, avant le 20 ventôse prochain, « jour auquel doit être célébrée, dans toutes « les communes de ce département, la fête au- « guste de l'*Amitié*.

« Art. 7. — Si, au 20 ventôse prochain, tou- « tes les contestations entre le riche et le pauvre « ne sont pas terminées ou confiées volontaire- « ment à des arbitres, Lakanal demeure chargé de « défendre la cause de tous ses frères indigents. »

Ne croirait-on pas entendre le langage d'un de ces *sages*, législateurs des peuples vierges, qui, dans leurs paroles comme dans leurs actes, traduisent la philosophie et la morale les plus pures !

Enfin, pour clore la liste de ces manifestations que l'on ne trouve vraiment que chez les hommes de cet âge héroïque de la démocratie, écoutons attentivement ces extraits d'une profession qui sert de préface à un arrêté de Lakanal sur l'instruction populaire :

« Egalité. — Liberté. — Vertu.

« Au nom de la République française. Arrêté « du représentant du peuple Lakanal, etc.. . .

« Voici la morale que la République fran-« çaise prescrit à ses enfants :

« *Adore un Dieu, sois juste, et sers bien ta* « *Patrie.*

« *Adore un Dieu!* — Après avoir pesé les « globes lumineux qui roulent dans la vaste « concavité des cieux, Newton inclinait respec-« tueusement son front au nom de l'éternel « géomètre. Quel homme n'adorerait pas le Dieu « qu'adorait Newton ? Condamnerions-nous au « néant celui qui nous en a tirés? Mais le Dieu « des républicains s'honore par la justice, le « courage, la franchise, la loyauté, les vertus « sociales . . . . . .

« *Sois juste!* — Je l'ai dit, lorsque la liberté « marche avec sa sœur la justice, elle est une « divinité sur la terre ; va-t-elle seule, elle n'est « plus qu'une bacchante effrénée. Soyons justes, « et l'humanité relèvera ses autels, et la liberté, « de son aile protectrice, ombragera la France.

« *Et sers bien ta Patrie!* — Es-tu juste? « Tiens la balance de la justice dans un équi-« libre inébranlable aux offres de la faveur.

« Es-tu magistrat? songe que tu commandes « à des hommes, que tu dois commander selon

« les lois, que tu ne commanderas pas tou-
« jours.

« Es-tu père de famille ? Le cerveau encore « tendre de ton enfant est une toile neuve at- « tendant le pinceau ; graves-y les caractères de « l'amour sacré de la Patrie ; si tu es digne « de l'entendre appeler du doux nom de père, « tu peux tout sur l'esprit de tes enfants, et « les vertus qu'ils n'auront pas seront des for- « faits pour toi.

« Epouse et mère, façonne aux vertus répu- « blicaines l'âme neuve et docile de ta famille ; « tes soins ne sauraient être infructueux : quel « enfant ne retient pas les leçons d'une mère ?

« Citoyens de tous les âges et de tout sexe, « aimez la Patrie, respectez les magistrats et « les législateurs qu'elle vous a donnés.

« Les partisans de l'ancienne servitude ont « senti que la liberté ne peut périr que sous « les débris de la Montagne : de là le système « de diffamation dirigé contre mes collègues ; « ici, je n'essayerai pas de les justifier ; ce serait « dégrader la vertu que de prouver qu'elle n'est « pas le crime.

« Législateur, je devrais être juste comme la « divinité, bienfaisant comme la nature, loyal « et sincère comme la raison.

« O raison, fille aînée du ciel, viens gouver- « ner la terre ! Viens régner sur les Français « à la place des tyrans qu'ils ont abattus, tyrans « qui ne semblaient naître grands que pour

« se dispenser de l'être ; viens venger les outrages que tu as reçus des prêtres et des « rois. Viens, je serai ton sectateur fidèle, « dussé-je perdre un œil, comme Lycurgue, en « substituant tes lois éternelles aux caprices « du despotisme ; dussé-je périr victime de tes « ennemis ! Si la mort est l'effroi du crime, « elle n'est que le soir d'une belle journée « pour l'homme vertueux. »

Et l'homme qui parlait ainsi avait 33 ans !

Venaient ensuite les dispositions pour l'organisation et la diffusion de l'instruction publique. Elles établissaient une commission d'instruction sociale ayant un *journal* et un *comité d'apostolat civique* dont les membres avaient le rôle que voici :

« Art. 9. — Les fonctions de ces propagateurs du principe de la Révolution seront : « 1° de répandre et d'expliquer parmi nos frères « des campagnes le *journal d'instruction populaire ;* 2° de visiter la chaumière du pauvre pour y apporter l'instruction et avec elle « l'amour de la Patrie ; 3° de recevoir, avec un « soin religieux, les plaintes et les demandes « de l'infortune et du malheur, pour les transmettre au représentant du peuple ; 4° de découvrir et de dénoncer les ennemis de la « Révolution qui, surveillés de trop près dans « les habitations populeuses, s'enfoncent dans « les campagnes solitaires où ils trompent et « égarent d'autant plus facilement le peuple,

« que la probité n'est ni soupçonneuse, ni
« méfiante....

« Art. 12. — Le représentant du peuple déclare que la mission touchante et sublime « d'*apôtre civique* dans les campagnes, est la « plus belle qu'on puisse remplir sur la terre. »

Comme tous les apôtres, Lakanal éprouvait le besoin de répandre la flamme de son âme dans d'autres âmes, de se multiplier par des disciples. Mais une chose digne de remarque, c'est que, chez lui, les aspirations spéculatives de l'apôtre n'enlevaient rien à la rectitude pratique de son esprit.

En effet, par ses soins, une fabrique d'armes était créée à Bergerac, des routes étaient percées, des forêts exploitées pour la marine et les besoins publics, des dépôts de chevaux organisés, des troupes levées : et tout cela, sans difficultés, sans réquisitions, sans résistances, par la mise en branle de toutes les intelligences, de toutes les volontés, de toutes les forces, de toutes les vertus ; en un mot, par son génie révolutionnaire qu'il soufflait dans tous les cœurs.

Ecoutons les réflexions de M. Clamageran sur ce point.

« Si les droits et les devoirs du citoyen, dit-il, si la participation de tous aux fonctions publiques furent si promptement compris et mis en œuvre, c'est qu'ils répondaient à des principes éternellement vrais, qui peuvent bien être ignorés ou oubliés un certain temps, mais qui restent au fond des consciences à l'état latent, que la voix éloquente et libre de la vérité réveille toujours. L'éternelle gloire des hommes qui concoururent à l'émancipation politique de la France fut de chercher la vérité et la justice pour les mettre à la base de la loi.

« L'administration du conventionnel Lakanal dans la Dordogne fut active et féconde au point de vue des besoins administratifs et militaires. Aucun acte sanguinaire ne souilla les pages de l'histoire par les ordres du représentant dont les pouvoirs étaient si étendus. Et, lors même qu'il avait à se plaindre et aurait pu se venger, il se montra clément et généreux. Dénoncé à la société populaire et au comité de salut public par le citoyen L... père, de Villamblard, Lakanal lui répondit par une lettre plusieurs fois citée, mais que nous croyons devoir reproduire dans sa forme digne et élevée.

Bergerac, 2 Ventôse an II.

« Lakanal, représentant du peuple, délégué « par la convention nationale et son comité de « Salut public dans le département de la « Dordogne et autres départements environ- « nants.

« J'avais reçu la mission expresse de te « faire arrêter parce que tu avais signé une « dénonciation calomnieuse contre moi. Mais « lorsque Lakanal est juge dans sa cause, ses « ennemis sont assurés de leur triomphe : il « ne sait venger que les injures de la Patrie.

« Je t'obligerai lorsque je le pourrai. C'est « ainsi que les représentants du peuple repous- « sent les outrages. Tu as cinq enfants devant « l'ennemi, c'est une belle offrande faite à la « liberté. Je te décharge de la taxe révolution- « naire.

« LAKANAL. »

« A la suite de cette dénonciation, ou d'une autre de même nature, Lakanal fut mandé à Paris. C'est de cette ville qu'il écrivit la lettre suivante :

« Egalité. — Liberté. — Fraternité.

« Paix aux Sans-Culottes, guerre aux Mes- « sieurs !

« Lakanal, représentant du peuple, à ses « frères de la Société populaire de Bergerac.

« Mes bons amis,

« Les Comités de *Salut public* et de *Sûreté* « *générale* ne veulent recevoir aucune espèce « de justification de ma part que lorsque mes « ennemis auront démontré qu'ils auront fait « plus de bien que moi au peuple, et plus de mal « aux Messieurs, aux royalistes, etc., etc. J'ai « eu beaucoup de peine à obtenir indulgence « pour mes accusateurs.

« Voici la réponse que nous allons leur faire, « m'ont dit, en m'embrassant, les membres du « Comité de salut public : nous soupçonnons « que La Rochelle et Rochefort ont des intelli- « gences avec les ennemis de la République, « nous avons besoin d'y envoyer un montagnard

« pur et patriote. Tu es délégué pour remplir « cette mission délicate.

« L'arrêté qui me délègue est signé de l'una- « nimité des membres des deux Comités de « *Sûreté générale* et de *Salut public.*

« Je serais parti, mais les douze commissai- « res chargés de l'épuration de la Société des « Jacobins viennent de me nommer pour un « des épurateurs qui doivent réorganiser cette « Société célèbre. Je suis donc encore quelques « jours à Paris.

« J'ai reçu l'ordre exprès du Comité de Salut « public de revenir dans le département de la « Dordogne et autres environnants.

« Toutes les Sociétés populaires, toutes les « administrations principales m'ont demandé. « Je ne vous dirai pas l'accueil favorable que je « reçois ici de tous les amis sincères du peuple. « Mes antagonistes m'ont préparé des jouissances « bien voluptueuses, en me forçant à me rendre « à Paris. Ils croyaient me perdre, les pauvres « gens ! Ils ne ressemblent pas mal à ces taupes « qui, remuant un coin du jardin, croient bou- « leverser le monde.

« Je vous embrasse chaudement.

« Lakanal. »

Il n'est peut-être pas sans intérêt de relater que l'épuration de ce fameux club des Jacobins, dont il est parlé dans cette lettre, fut proposée à la tribune de ce club par Robespierre.

Elle eut lieu le 26 novembre 1793, d'après les réponses aux demandes que voici, adressées à chaque membre.

— Qu'étais-tu en 1789 ?

— Qu'as-tu fait depuis ?

— Quelle était ta fortune alors, et quelle est-elle maintenant ?

Son austérité rigide, son amour inaltérable de la justice, sa probité incorruptible, le désintéressement absolu dont il avait fait preuve dans ses fonctions, son dévouement sans bornes aux intérêts de la Révolution et de la Patrie, désormais confondues dans les mêmes destinées, avaient naturellement désigné Lakanal pour concourir à cette épuration.

Cela dit, rendons la parole à M. Clamegeran.

« Un habitant de Bergerac, le citoyen R...., avait, dans un repas, fait un éloge pompeux du représentant Ysabeau, et une comparaison entre lui et Lakanal, injurieuse pour ce dernier. Il lui répondit par cette vigoureuse sortie :

« Au citoyen R...,

« Que M. R... fasse, dans les repas où il est « invité, l'éloge de mon collègue et ami Ysabeau, « c'est bien ; quoique les représentants du peuple « aussi dignes que lui n'aient guère besoin des « éloges de M. R...

« Mais que ce monsieur-là se permette des « propos sur moi, c'est assez mal. Vouloir me « ravir l'estime de mes concitoyens, c'est être

« un Coblenzien, car je fais tout avec le levier « de l'opinion, rien avec le tranchant de la guil- « lotine.

« Lakanal. »

« Peut-être faut-il compter pour une large part sur l'effet d'une semblable clémence et d'aussi nobles pensées pour s'expliquer la promptitude d'obéissance, l'assentiment général que rencontra Lakanal. Une telle mansuétude, une magnanimité aussi grande devaient rallier les populations, bien mieux que les mesures de rigueur, à la cause de la démocratie. »

Cependant, sa mission dans la Gironde était terminée. Grâce à son énergie vigilante et active, la contrée était définitivement conquise au grand mouvement révolutionnaire ; les municipalités locales, ou des émissaires moins importants, pouvaient continuer l'œuvre si énergiquement lancée ; la Convention avait besoin pour elle-même, pour son gouvernement constitué en comités, des lumières, des conseils, des connaissances spéciales d'un tel représentant. (1)

(1) Après avoir parlé des missions des représentants les plus illustres, de ceux dont les noms, comme ceux de Danton, Cambon, St-Just, Jean Bon Saint-André, Couthon, Lebon, etc... retentissent comme des coups de clairon dans les pages terribles de l'histoire de ce temps-là, Michelet, songeant à des hommes comme Lakanal, s'exprime ainsi : « Combien d'autres, mis par le devoir dans des positions moins brillantes, égalèrent leur dévouement ! Nous pouvons dire hardiment que trente représentants du peuple ont mérité par leurs missions seules d'être mis au Panthéon. Que serait-ce si on ajoutait les travaux intérieurs de l'Assemblée, de ses infatigables commissions, ces travaux poussés au-delà de toutes les forces humaines, ces jours de labeur acharné, ces nuits sans sommeil ? — A regarder l'entassement

V

Ici se place une période de la vie de Lakanal, la plus importante, la plus glorieuse, celle qui le met incontestablement au premier rang des hommes de ce temps, mais que nous ne pouvons qu'indiquer dans cette étude avant tout politique, et pour laquelle nous renvoyons le lecteur à une remarquable notice publiée en 1874 par notre compatriote et ami M. Emile Darnaud. Nous voulons parler des fondations scolaires et des grandes institutions scientifiques et artistiques qui durent, pour une majeure part, à l'initiative de Lakanal ou à son concours, leur création ou leur transformation.

Ce sont, pour l'enseignement primaire, les *écoles communales de filles et garçons;* pour l'en-

énorme de ce que fit la Convention, on est tenté de croire que le temps, en ces années, changea de nature ; que ses mesures ordinaires perdirent toute signification. Les jours furent au moins doubles ; on peut nommer cette assemblée, l'*Assemblée qui ne dormit pas.*

« Pour juger équitablement la Convention, et surtout les représentants en mission, il fallait, de la situation meilleure de 94, se reporter à la crise du milieu de 93. Combien ces premières missions différaient de celles qui suivirent ! En 94, il y avait encore du désordre, mais des forces énormes, les armées les plus nombreuses, des administrations créées. Les hommes de 93 ne trouvèrent rien, créèrent tout. »

seignement secondaire, les *écoles centrales* actuellement collèges et lycées; pour l'enseignement supérieur, les écoles *normale* et *polytechnique*, le *collège de France*, le *muséum d'histoire naturelle*, le *conservatoire des arts et métiers*, le *bureau des longitudes*, les *écoles de droit et de médecine*, le *musée national*, l'*institut*, etc... — A tous les degrés enfin de cette échelle merveilleuse qui prend l'esprit humain tout petit, à terre, pour le conduire, en le grandissant, jusqu'au fin fond de l'infini, nous trouvons la main de Lakanal.

Dans son travail, M. Emile Darnaud nous montre comment, après avoir ouvert ces écoles aux maîtres éminents, aux grands savants qui s'appellent, pour ne nommer que les plus illustres, Laplace, Cuvier, Monge, Lagrange, Berthollet, Chappe, Lacroix, Laromiguière, Fontanes, Fourcroy, Guéroult, Chaptal, Guyton de Morveau, Vauquelin, Prony, Daubenton, Volney, Bernardin de Saint-Pierre, Garat, Lacépède, Corvisart, etc... comment, disons-nous, il lui arriva, aux jours d'orages et de fureurs populaires, de les soutenir de sa protection et de son crédit.

Un jour Chappe lui écrit : — « Vous levez tous les obstacles qu'on fait tant redouter de la part du comité des finances si peu favorable à ce qui intéresse les sciences et les lettres; enfin, j'espère fortement en vous et n'espère qu'en vous. »

Bernardin de St-Pierre. — « Citoyen et ami,

je n'oublierai jamais les derniers services que vous m'avez rendus. Ma femme, à qui j'en ai rendu compte, me charge de vous témoigner le plaisir qu'elle aura à vous recevoir dans notre ermitage. Profitez donc du premier beau temps pour satisfaire ses vœux et les miens. Je profite de vos offres ; un mot de recommandation de votre part fera un aussi bon effet que dans toutes les occasions où vous l'avez employé. On est obligé de conjecturer dans les plus petites opérations de la société : il n'y a que votre amitié dont je ne doute pas. Profitez donc de la première arrivée du rouge-gorge pour venir, avec lui, visiter ma solitude, etc.

« Mille amitiés, je vous prie, au citoyen Daubenton qui vous estime et vous aime autant que moi. »

Garat. — « Je te remercie, et de ce remerciment du cœur qui rend les paroles courtes.

« Je t'attends donc à une heure et comme on attend un plaisir.

« J'ai livré une nouvelle attaque à Cabanis. Il est très-vrai que sa santé est faible, mais c'est surtout sa timidité qui est extrême. J'attends sa dernière réponse.

« Il faut absolument avoir un cours de littérature. Les gens de lettres jetteraient les hauts cris, et personne ne crie aussi haut qu'eux.

« Il est très-vrai aussi que les écoles normales seraient incomplètes si elles ne représentaient pas les règles et les modèles de tous les genres d'enseignement ; il faut enfin considérer que c'est ce qui tient au goût qui est surtout mal enseigné hors de Paris ; que c'est donc pour ce genre d'enseignement qu'il est le plus nécesaire d'y former des professeurs ; et que d'ailleurs un cours de littérature sera très propre à répandre du charme sur la sévérité des sciences exactes et physiques.

« Smith, dans l'Université d'Edimbourg, faisait *l'histoire de l'éloquence* en même temps que le *Traité sur la richesse des nations*.

« *Il faut* que les écoles normales soient la première école du monde.

« Je te salue et t'embrasse. »

Autre lettre du même : —« J'ai reçu ta lettre ; et comme tu me le demandes, je ne t'en parlerai pas ou je t'en parlerai peu, mais... (1).

« Il y a plusieurs jours que Volney m'avait demandé de le mener chez toi ; je le lui avais promis. Les inepties et les horreurs dont on m'a forcé de m'occuper ont rendu la chose impossible. Il te remettra ce billet ; et quand vous vous serez dit deux mots, chacun de vous connaîtra un homme. Parlez-vous donc.

« Je t'embrasse et je t'aime tendrement. »

Chappe. — « Je vous remercie bien sincèrement des consolations que vous me donnez ; j'en ai réellement besoin. Quels hommes que ce

(1) Je l'avais défendu, avec succès, au comité de Sûreté générale, contre Dumont du Calvados, qui l'avait dénoncé dans la séance de la Convention nationale.

(Note de Lakanal).

Cambon et ce Monot ! J'admire le courage et le calme que vous opposez à leurs mauvaises raisons, à leurs sorties injurieuses contre votre Comité. Les sciences ne pourront jamais acquitter les services que vous leur rendez. Je vous prie d'être bien persuadé que ma reconnaissance pour vous ne finira qu'avec ma vie. »

Du même.—« Comment n'ont-ils pas été frappés de l'idée ingénieuse que vous avez développée et à laquelle je n'avais pas songé ? L'établissement du télégraphe est, en effet, la meilleure réponse aux publicistes qui pensent que la France est trop étendue pour former une république. Le télégraphe abrège les distances et réunit en quelque sorte une immense population en un seul point.

« Il y a longtemps que, rebuté de toutes parts, j'aurais abandonné mon projet, si vous ne l'aviez pris sous votre protection. »

Du même. — « Grâces vous soient rendues mille fois ! Vous avez triomphé de tous les obstacles ; que dis-je ? Vous les avez tranformés en moyens. Me voilà pleinement satisfait. »

Et l'histoire relate que la première dépêche qu'eut à transmettre le télégraphe de Chappe fut la nouvelle d'une victoire des armées de la République. La voici : « 13 fructidor an II, Condé est restitué à la République. Reddition a eu lieu ce matin à six heures. »

Du même. — « Je vous dois de nouveaux remerciements. Vous êtes inépuisable quand il s'agit de m'être utile. Je reçois l'arrêté du

Comité qui met à ma disposition les fonds nécessaires pour un essai en grand.

« Je vais m'occuper des moyens d'exécution. Je serai très attentif à vous tenir au courant de toutes mes opérations. Je prie mon créateur de recevoir l'hommage de sa créature, etc. »

Un autre jour, le 2 nivose an III, Laplace lui écrivait une lettre qui se terminait par ces mots : — « Je vous renouvelle, citoyen, ma reconnaissance de tout ce que vous avez fait pour les sciences ; elles sauront transmettre à la postérité les noms de ceux qui, dans la crise qu'elles viennent d'éprouver, ont constamment lutté contre la barbarie ; et le vôtre sera l'un des plus distingués »

Une autre fois, c'était le tour du botaniste Desfontaines qui, parlant du jardin des plantes terminait sa lettre ainsi : — « Vous en êtes le nouveau fondateur, et nous ne perdrons jamais de vue les services importants que vous lui avez rendus. »

Les professeurs du Muséum d'histoire naturelle conservèrent toujours leur vénération pour Lakanal. Quand ils firent imprimer la description du Muséum, ils en adressèrent à Lakanal, qui se trouvait alors en exil, un exemplaire portant pour dédicace :

« A Lakanal. — Pour le remercier du décret du 10 juin 1793. — Offert par les professeurs du jardin des plantes soussignés : Vauquelin, Thouin, Desfontaines, Geoffroy-Saint-Hilaire, Latreille, Cuvier, Laugier, Cordier, Jussieu, Lamarck, Brongniart, Lacépède. — Paris 10 juin 1823. — »

A ces marques de reconnaissance affectueuse qui honorent autant leurs auteurs que l'homme qui en a été l'objet, il faut ajouter encore celles-ci :

Ginguéné : — « Vous êtes vraiment le modèle des amis chauds.

« Je veux faire passer en proverbe : servir ses amis comme Lakanal. »

Andrieux : — « Vous êtes dévoué à l'instruction publique ; tout bon Français, toute créature raisonnable doit bénir vos travaux et faire des vœux pour leur succès. »

Grégoire : — « Cette démarche de votre part est la millième preuve de votre dévouement à la cause de la liberté et des sciences ; favorisons, par tous les moyens, cette double cause ; elle sera toujours la vôtre et la mienne, fût-elle réduite à n'avoir plus que ces deux avocats. »

Le ministre de l'intérieur : — « C'est avec bien de la satisfaction que je vous fais part de votre nomination à l'Institut national. Ce choix honore autant les électeurs que l'élu. l'Institut tiendra sa première séance primidi prochain ; vous voudrez bien y assister. »

Et ce jour-là, son âme sensible dut tressaillir de la joie la plus pure lorsqu'il entendit l'astronome Lalande, dans son discours d'inauguration prononcer ces mots : — « Le voile de l'erreur est levé ; notre assemblée en est la preuve ; le représentant Lakanal n'a cessé d'y travailler depuis 1792. Et je dois être ici l'interprète de la reconnaissance des savants, parce que j'ai été témoin de son zèle et de ses efforts pour parvenir à ce but que semblaient négliger les savants eux-mêmes, affaissés, découragés, par la persécution et la terreur. »

Grégoire. — « Cette démarche de votre part est la millième preuve de votre dévouement à la cause de la liberté et des sciences ; favorisons, par tous les moyens, cette double cause ; elle sera toujours la vôtre et la mienne, fût-elle réduite à n'avoir plus que ces deux avocats, etc. »

Tels sont les précieux documents que nous trouvons dans la notice de M. Emile Darnaud, à laquelle nous ferons encore d'autres emprunts, après avoir puisé aux sources mêmes de l'histoire autant de renseignements que nous le pourrons afin de présenter, sous tous ses aspects, la physionomie puissante et originale de l'homme le plus complet et le plus remarquable que l'Ariége ait produit.

VI

Le 28 Germinal an II (18 avril 1794), un projet pour l'érection, dans le Panthéon d'une colonne de marbre noir destinée à perpétuer le souvenir des citoyens morts « *pour l'égalité* » le 10 août 1792, appelait à la tribune Lakanal qui s'exprimait ainsi :

« Législateurs, vous avez décrété dans une de « vos précédentes séances les secours dus par « des frères aux citoyens qui ont été mutilés « ou blessés à la journée du 10 août ; je vais, « en exécution d'un de vos décrets, vous pro- « poser, au nom de votre comité d'instruction « publique, d'acquitter la dette nationale envers « les généreux citoyens qui ont péri dans cette « mémorable journée.

« Déjà le tyran que nous avons abattu, ou- « trageait effrontément la Charte des droits de « l'homme, retrouvée dans les ruines de la Bas- « tille, lorsque, jaloux de la liberté qu'ils avaient « conquise, les Français offrirent le spectacle « sublime et terrible d'un peuple conspirant « pour la patrie. Le jour marqué pour le « triomphe du despotisme éclaira sa défaite, et

« le trône de la tyrannie tomba brisé dans le
« sang des martyrs de notre indépendance.

« Leurs mânes se sont endormies dans la
« gloire; mais, consolés par l'héritage qu'ils
« nous ont légué, n'auront-ils des autels que
« dans les cœurs républicains ?

« L'antique Rome, habile dans l'art de fécon-
« der les vertus publiques, consacrait sur le
« marbre et l'airain les services éclatants rendus
« à la Patrie; et, sur ces monuments révérés,
« le citoyen lisait, mieux que dans le livre de
« la loi, ses devoirs et le prix des vertus sur
« lesquelles s'appuient les républicains ; car
« n'oublions pas que si la régénération des
« Etats s'exécute par l'explosion de la force,
« elle ne se maintient que dans le recueillement
« de la vertu.

« Sans doute, elle n'a pas besoin de nos
« honneurs, la destinée de ces hommes géné-
« reux qui dirent : « Mourons, et que la France
« soit libre! mourons, et que les Français soient
« frères! » Leurs noms sont écrits par la main
« de la Reconnaissance dans tous les cœurs
« qui respirent pour la liberté ; mais cette gra-
« titude individuelle serait un reproche pour
« nous, si, plus longtemps encore, on cherchait
« vainement dans les fastes de la République
« les noms de ceux qui l'ont créée. Vous le
« savez, citoyens, les actes de la reconnaissance
« du peuple alimentèrent toujours l'esprit na-
« tional qui attache les citoyens à la patrie

« comme des enfants à leur mère : ils rappel-
« lent ces temps heureux où l'intrigue et l'am-
« bition sont couvertes d'approbre, où les ver-
« tus se pressent, où il y a plus de mérite
« que de places.

« Hâtons-nous donc d'acquitter la dette na-
« tionale envers les martyrs du 10 août ; que
« leurs noms révérés soient inscrits dans le
« temple que la patrie reconnaissante a consacré
« aux grands hommes ; que la mère tendre
« et l'épouse inconsolable trouvent dans ce
« dernier asile de la vertu le fils et l'époux
« qu'elles pleurent ; qu'elles disent, en essuyant
« leurs larmes : ils étaient nés pour la Patrie,
« c'est pour elle qu'ils sont morts ; elle les a
« couronnés de l'immortalité. »

Mais le discours qui nous montrera dans toute son étendue sa belle et haute intelligence, est celui qu'il prononca, le 16 septembre de cette même année 1794, en soumettant à la Convention le programme de la fête funèbre pour la translation des restes de J.-J. Rousseau au Panthéon. Malgré son étendue, ce discours ne saurait être présenté ici par fragments ; car il est, à nos yeux, l'appréciation la plus juste, la plus instructive et en même temps la plus remarquable qui ait été faite du grand philosophe et de son œuvre par le disciple le plus aimant, le plus sensible, et peut-être le plus digne qu'il ait eu.

Voici donc ce discours à peu prés dans son entier :

« Citoyens, vous avez accordé les honneurs
« du Panthéon et décerné une statue à J.J. Rousseau.... — La voix de toute une génération
« nourrie de ses principes, et pour ainsi dire
« élevée par lui, la voix de la République entière l'y appelle ; et ce temple, élevé par *la patrie reconnaissante aux grands hommes*
« qui l'ont servie, attend celui qui, depuis si
« longtemps, est placé en quelque sorte dans
« le panthéon de l'opinion publique.

« Sans doute ces honneurs sont légitimement
« dus aux citoyens qui, soit par leurs talents, soit
« par leur courage, ont, aux dépens de leur
« repos et même de leur vie, dirigé le vaisseau
« républicain à travers les orages révolutionnaires ; mais il est possible, et déjà même
« il n'est pas sans exemple, que ces mêmes
« honneurs, que l'enthousiasme a décernés, la
« justice les rétracte, lorsque le temps a fait
« tomber les masques, enlevé les superficies
« et montré à nu les hommes et les événements.

« Au moment où tout un peuple, fatigué d'un
« long esclavage, est poussé vers la liberté par
« les excès du despotisme ; où, se débattant dans
« les fers, il n'a besoin pour les briser que
« d'un mouvement énergique et rapide ; où il
« s'agite dans tous les sens, cherchant la voie
« dont ses vieilles habitudes le tiennent encore
« écarté, n'ayant que le sentiment confus de
« ses droits, sans pouvoir trouver dans son
« langage, trop longtemps asservi, ces locutions

« puissantes qui font pâlir la tyrannie et com-
« mandent à l'esclavage de s'affranchir ; s'il se
« lève, par exemple, au milieu de ce peuple,
« un homme d'un génie bouillant, audacieux,
« passionné, un homme dont l'éloquence mâle,
« la voix, les mouvements impétueux, la figure
« remarquable, fût-ce par sa laideur, frappent
« les regards, fixent l'attention et se gravent
« dans la mémoire ; si cet homme se jette dans
« le courant des premières agitations populaires ;
« si, lorsque la révolution bouillonne, il en
« précipite et en dirige le torrent, son idée se
« joint bientôt à celle de la révolution même ;
« il forme, lui seul, une puissance, lui seul,
« une de ces causes agissantes et terribles dont
« l'action simultanée change la face des empires.
« Et le peuple, affranchi du joug, croyant l'être
« par lui, le poursuit d'applaudissements, en-
« vironne de gloire sa pompe funèbre, invente
« pour lui des triomphes inusités et de nouvelles
« apothéoses.

« Mais, à l'instant où il n'est plus ; où ses
« moyens de séduction et ses prestiges person-
« nels sont évanouis ; où le cours des choses a
« emporté les circonstances, soit locales, soit
« temporaires, qui avaient fait une partie de son
« influence et de sa renommée, s'il se découvre
« que cet homme fut vendu à d'autres intérêts
« qu'à ceux du peuple ; qu'il fut le partisan secret,
« le complice du trône et l'instrument de la
« tyrannie ; si l'on ne voit plus, à la place de ses

« talents avilis et de ses vertus imaginaires,
« que vices, qu'intrigues, immoralités, corruption, alors le peuple indigné se soulève contre sa mémoire ; une juste vengeance renverse les monuments élevés par une reconnaissance aveugle, et l'idole, arrachée du sanctuaire, est brisée et foulée avec dédain.

« Le même revers n'est pas à craindre pour le grand homme que vous y allez placer. Seul, sans appui, sans prôneurs, il osa, au milieu d'un peuple endormi dans les fers, professer hautement, en face du despotisme, la science de la liberté. Dans un temps où tous les hommages étaient pour la naissance, les grandeurs, le crédit, les richesses, il fronda tous ces vieux préjugés, proclama l'égalité naturelle, mit à leur véritable place, c'est-à-dire au niveau du néant, le rang et la noblesse ; il heurta de front les gens en faveur, versa sur la coupable et stupide opulence tout le mépris de la sagesse et toute l'indignation de la vertu ; il fit plus, il tira d'un injuste et avilissant oubli les professions utiles ; il nous apprit à honorer le travail, la pauvreté, le malheur ; à chercher, dans l'humble atelier ou dans la cabane obscure, les vertus, les mœurs, la véritable dignité, comme le vrai bonheur ; en un mot, à dédaigner tout ce que déifiait l'infamie et la corruption des hommes, et à couvrir de considération et d'estime ce que méprisait leur fol orgueil.

« Son âme ne respirait que pour la liberté

« des hommes ; et voilà pourquoi il fut si étranger « au milieu de ses contemporains. Il voulut « les forcer à se connaître ; ils s'étaient trop « avilis devant les tyrans pour ne l'en pas « punir. Pauvre, errant, persécuté par Genève, « sa patrie, banni de deux îles inhospitalières « où il voulut s'ensevelir avec sa renommée, « fuyant la France à la lueur des flammes qui « dévoraient ses ouvrages, il doit avoir des « autels chez les peuples libres, celui qui ne « trouva que des échafauds sous les rois.

« Si les honneurs qui lui sont rendus sont « tardifs, ils n'en seront que plus durables, et « nul retour d'opinion n'est à redouter pour « lui, puisque la voix des peuples, qui les sol- « licite, est déjà la voix de la postérité.

« Tous les publicistes, qui ont considéré J. J. « Rousseau dans son rapport avec la Révolution « française, ont surtout vanté l'influence du « *Contrat social* et de ses autres écrits poli- « tiques. Il est vrai que dans ses immortels « ouvrages, et surtout dans le premier, il dé- « veloppa les véritables principes de la théorie « sociale et remonta jusqu'à l'essence primitive « des associations humaines. Peut-être lui fallait- « il autant de courage pour aborder alors en « France ces questions délicates, que de « vigueur d'esprit pour les traiter.

« En France, où la force d'opinion avait « écrasé la force réelle, il soutint le droit de « réprimer par la force le prétendu droit du plus fort ; en France, où le gouvernement se jouait sans pudeur des biens, des mœurs, des lois et des libertés, il rappela aux gouvernés « leurs prérogatives, usurpées par les gouver« nants ; en France, où les rangs étaient pris « pour des droits, où ils s'opprimaient gra« duellement entre eux et pesaient tous ensemble « sur le peuple, il proclama l'égalité des « droits et l'inaliénable souveraineté du peuple, « fondement de toute association légitime.

« Le *Contrat social* semble avoir été fait pour « être prononcé en face du genre humain as« semblé, pour lui apprendre ce qu'il a été et « ce qu'il a perdu. L'auteur immortel de cet ou« vrage s'est associé, en quelque sorte, à la « gloire de la création du monde, en donnant « à ses habitants des lois universelles et néces« saires comme celles de la nature, lois qui « n'existaient que dans les écrits de ce grand « homme avant que vous en eussiez fait présent « aux peuples.

« Mais les grandes maximes développées dans « le *Contrat social*, toutes évidentes, toutes sim« ples qu'elles nous paraissent aujourd'hui, « produisirent alors peu d'effet. On ne les en« tendit pas assez pour en profiter ni pour les « craindre ; elles étaient trop au-dessus de la « portée commune des esprits et même de la « portée de ceux qui étaient ou croyaient être « supérieurs aux esprits vulgaires. *C'est en « quelque sorte la Révolution qui nous a*

« *expliqué le Contrat social.* Il fallait donc « qu'un autre ouvrage nous ramenât à la Révo- « volution, nous élevât, nous instruisit, nous « façonnât pour elle ; et cet ouvrage, c'est « *Emile*, le seul code d'éducation sanctionné par « la nature.

« Le nom seul de cet ouvrage rappelle d'abord « de grands services rendus à l'humanité : l'en- « fance délivrée des liens barbares qui la « déformaient, et de l'instruction servile qui « l'abrutissait ; la méthode de la raison substituée « à celle des préjugés et de la routine ; l'en- « seignement rendu facile pour celui qui le « reçoit, et la route de la vertu aplanie comme « celle de la science ; les mères, égarées jus- « que-là par la dissipation du monde, citées « enfin devant le tribunal de la nature, et ramé- « nées par une éloquence irrésistible et par « l'attrait du plaisir au plus doux comme au « plus sacré de leurs devoirs. Une foule d'écri- « vains avaient prouvé avant J.-J. Rousseau « que les mères devaient nourrir leurs enfants ; « mais Rousseau, dit un naturaliste célèbre, le « commanda et se fit obéir.

« C'était déjà une révolution immense, opérée « dans nos institutions et dans nos mœurs. « Mais, de plus, dans ce même livre, le peuple « et les tyrans, les riches et les pauvres, les « arts de luxe et les arts utiles étaient si bien « mis à leur véritable place ; à toutes les sottises « d'un régime absurde, et fait seulement pour

« des esclaves, étaient si naturellement substitués
« tous les principes d'un régime sage et digne
« de l'homme, qu'il fallait ou en quitter la
« lecture, — ce que l'entrainante séduction du
« style rendait presque impossible, — ou se
« nourrir, même en dépit de soi, de ces germes
« féconds d'une régénération prochaine.

« Reculons vers le passé ; reportons-nous par
« la pensée au règne du dernier tyran couronné,
« et figurons-nous entendre pour la première
« fois ces paroles :

— « Dominé par ce qui l'entoure, sujet de ses ministres qui le sont à leur tour de leurs commis, de leurs maîtresses et des valets de leurs valets, un despote est à la fois la plus vile et la plus méprisable des créatures. »

— « Les guerres des Républiques sont plus cruelles que celles des Monarchies ; mais si la guerre des rois est modérée, c'est leur paix qui est terrible ; il vaut mieux être leur ennemi que leur sujet. »

— « C'est le peuple qui compose le genre humain ; ce qui n'est pas le peuple est si peu de chose, que ce n'est pas la peine de le compter. »

— « C'est la campagne qui fait le pays, et c'est le peuple de la campagne qui fait la nation. »

— « Quand les pauvres ont bien voulu qu'il y eut des riches, les riches ont promis de nourrir tous ceux qui n'avaient de quoi vivre ni par leur bien, ni par leur travail. Je ne suis maître du bien qui passe par mes mains qu'avec cette condition qui est attachée à la propriété. »

« Ne sont-ce pas là, citoyens, des maximes « révolutionnaires ; non pas de cette révolution « qui était toute au profit de l'intrigue et de « l'opulence, mais de cette révolution qui est « la vôtre et que vous voulez tourner tout « entière au profit du peuple et de la vertu ? « Eh bien ! toutes les pages d'*Emile*, du *Contrat* « *social* et du *Discours sur l'inégalité des* « *conditions* réfléchissent ces grandes maximes.

« Rousseau sentait fortement la nécessité de « reconstruire l'édifice social ; et, de tous les « écrivains qui ont prédit une révolution générale, « aucun ne s'est expliqué plus clairement que « lui.

« C'est de ce passage remarquable de son « *Emile*, où il prescrit avec tant de force et « développe avec tant d'éloquence la nécessité « d'apprendre à tout citoyen un art mécanique, « précepte qui donna lieu dans ce temps à « tant de plates plaisanteries sur le gentilhomme-« menuisier ! esprits corrompus et frivoles, pour « qui un noble oisif était tout, et un artiste « utile n'était rien, vous croyiez au-dessous de « ce que vous appelez fastueusement un gen-« tilhomme, de trouver des moyens honorables « d'exister dans le travail de ses bras ! Vous « ne saviez pas que le temps approchait où il « n'y aurait pas en France un menuisier qui « voulût être, ou plutôt avoir été gentilhomme.

« — Vous vous fiez, disait ce prévoyant et

sage instituteur, à l'ordre actuel de la société, sans songer que cet ordre est sujet à des révolutions inévitables, et qu'il vous est impossible de prévoir et de prévenir celle qui peut regarder vos enfants. *Le grand devient petit, de riche devient pauvre, le monarque devient sujet.* Les coups du sort sont-ils si rares que vous puissiez compter d'en être exempts? Nous approchons de l'état de crise *et du siècle des révolutions*; *tout ce qu'ont fait les hommes, les hommes peuvent le détruire; il n'y a de caractères ineffaçables que ceux qu'imprime la nature, et la nature ne fait ni princes, ni riches, ni grands seigneurs.* »

— « Je tiens pour impossible, ajoutait-il (et déjà les triomphes de nos principes et de nos armes garantissent la vérité de cet oracle), je tiens pour impossible que les grandes monarchies de l'Europe aient encore longtemps à durer. Toutes ont brillé, et tout Etat qui brille est sur son déclin. J'ai de mon opinion des raisons plus particulières que cette maxime; mais il n'est pas à propos de les dire, et chacun ne les voit que trop. »

« C'est ainsi que, dans toutes ses conceptions « politiques, l'illustre philosophe Génevois de« vance ses contemporains, franchit son siècle « et pense comme la postérité.

« Hâtez-vous donc, citoyens, d'arracher ce « grand homme à sa tombe solitaire pour lui « décerner les honneurs du Panthéon et le con-

« ronner de l'immortalité. Honorez l'ami, le « défenseur, l'apôtre des mœurs et de la liberté, « le promoteur des droits de l'homme, le pré- « curseur éloquent de cette révolution que vous « êtes appelés à terminer pour le bonheur des « peuples. Honorez en lui les travaux et les « arts utiles, pour lesquels il brava le rire in- « sultant de la frivolité. Honorez l'homme « solitaire et champêtre qui vécut loin de « la corruption des villes et loin du faux « éclat du monde, pour mieux connaître, mieux « sentir la nature et y ramener plus puissam- « ment ses semblables. Honorez en lui le mal- « heur..., car il est douloureux et peut-être « inévitable que le génie et la vertu soient en « butte à la calomnie, à la persécution des « hommes, lors même qu'ils s'occupent des « moyens de les rendre heureux. Et Rousseau « paya plus qu'un autre cette dette du génie « et de la vertu. — Honorez-vous enfin vous- « mêmes en honorant l'homme de génie qui « fut le plus éloquent de vos instituteurs dans « l'art sublime de policer les peuples, et jus- « tifiez cette autre prédiction de ce grand hom- « me, non moins infaillible que la première:

— « Quand vous verrez la vérité, écrivait-il à un jeune ami, il ne sera pas pour cela temps de la dire; il faut attendre les révolutions qui lui seront favorables; c'est alors que le nom de mon ami, dont il faut maintenant se cacher, honorera ceux qui l'ont porté et qui rempliront les devoirs qu'il leur impose. »

« Nous n'avons pas oublié, citoyens, que c'est un examen et non un panégyrique que vous nous avez chargés de vous présenter. Nous n'avons pas oublié que Rousseau a accusé les sciences d'une partie des maux qui ont affligé l'espèce humaine. Un écrivain, dira-t-on, qui appuie de semblables paradoxes, a-t-il donc tant de droits à la reconnaissance des peuples libres ? Ingrats ! vous n'ignorez pas quelle en fut la cause ! L'abus que vous en avez trop souvent fait a été si funeste aux hommes que, dans l'aliénation de sa douleur, il avait voulu les replonger dans l'ignorance et dans l'état de sauvage. Respectez cet heureux délire : il n'appartient qu'à l'ami de l'humanité d'en éprouver de semblable.

« Jean-Jacques s'est élevé contre les sciences, « mais ses ouvrages prouvent combien il s'en est « occupé. Non, elles ne sont pas contraires au « bonheur des peuples ! Ce sont elles qui re- « lèvent l'homme dans le malheur ; elles con- « solèrent Boëce dans les fers ; elles purifièrent « les âmes de leurs sectateurs fidèles.

« Que d'hommes parmi vous leur doivent « et leurs plaisirs et leurs vertus ! Ce sont « elles qui répandent des lumières terri- « bles sur les violateurs des principes. L'hom- « me qui sait penser ne saurait être esclave... »

Est-il une morale plus juste, plus forte et plus saine que celle qui se dégage de ces derniers mots de Lakanal ? et n'était-il pas digne d'appliquer les principes et la parole du maître, le disciple qui était si imbu de cette parole et de ces principes ?

VII

Pendant que Lakanal, avec Grégoire et Daunou, ses principaux collaborateurs, donnait, à l'œuvre de restauration et de protection scientifiques que nous avons indiquée plus haut, des fondements que rien dans l'avenir ne devait ébranler, un grand événement s'était produit qui devait imprimer à la marche de la chose publique une autre direction, jeter la Révolution dans d'autres voies : Robespierre, Saint-Just, Couthon, les *triumvirs*, comme on les appelait, avaient succombé sous les coups de la conjuration thermidorienne. Dans le désarroi qui avait suivi leur chute, bien des consciences, même parmi les plus pures du parti de la Montagne, avaient été troublées. N'ayant jamais été, ainsi qu'on l'a vu, pour le gouvernement par les exécutions et les vengeances sanglantes, mais ne pouvant non plus s'élever sans réserves contre des hommes dont l'action, somme toute, malgré des moments néfastes et criminels, avait tant contribué au salut de la Patrie, Lakanal courba le front sous le vent réactionnaire. Lorsque, la tête de Robespierre déjà mutilée et envahie par les ombres de la mort, était tombée, on dit que des applaudissements s'étaient élevés de quelques points de cette même foule, qui, la veille, et le matin même, l'acclamait comme un libérateur. Dans sa retraite studieuse, où jamais idée de haine n'avait germé, Lakanal dut percevoir l'écho vague de ces manifestations si contraires, et se demander si, en fin de compte, ce n'était point la Révolution qui, dans sa démence, venait de se frapper encore une fois au cœur, et si, dans Saint-Just surtout, dans ce fier et noble jeune homme de 25 ans, qui avait rédigé *les Droits de l'homme*, et qui revenait, la veille même, d'organiser la victoire dans le nord, les réacteurs forcenés ou tremblants de la montagne n'avaient pas contribué à immoler le génie même de la Révolution (1)

C'était bien la Révolution qui venait de se donner elle-même un coup qui, cette fois, était mortel. On le vit bientôt à la division des conjurés, à la mise en accusation des principaux d'entre eux, aux levées de boucliers royalistes

(1) Soyons justes : Robespierre et St-Just qui avaient donné, l'un lâchement, l'autre férocement, le premier coup à la Révolution, ou pour mieux dire à l'idée républicaine, en envoyant les Dantonistes à la mort et en substituant au gouvernemant démocratique de l'Assemblée terrorisée par leur audace, le gouvernement despotique des Comités, et au gouvernement des Comités, le gouvernement dictatorial et tyrannique de leur personne, méritaient de glisser dans le sang de leurs victimes ; mais était-ce à la Montagne, à cette masse profondément honnête de la Montagne dans laquelle siégeait Lakanal, de se faire, dans cette journée néfaste, l'auxiliaire d'un Tallien, d'un Fréron, d'un Vadier, d'un Lecointre, d'un Barras, et de mettre dans de telles mains les destinées de la Révolution ?

Dans les mains de Robespierre, de St-Just et de Couthon,

dans le midi, dans la Bretagne et dans le sein même de Paris, à l'écrasement enfin du peuple demandant la constitution de 1793 et du pain, dans la journée du 1er Prairial.

Il y avait de tout dans ces bataillons de sectionnaires qui avaient eu raison, ce jour-là, des masses des faubourgs, de ces masses qui jusqu'alors avaient conduit, sans ordre et sans but bien déterminé il est vrai, la marche de la Révolution; il y avait des Coblentziens; il y avait de la jeunesse dorée ennemie de la conscription et amie de Fréron; mais il y avait surtout de cette bourgeoisie venue au pouvoir avec la *Constituante* et la *Législative*, rejetée au second rang par la *Convention*, avide d'honneurs, de dignités, de fonctions publiques, et qui n'avait tant contribué peut-être à renverser le vieux régime que parcequ'elle avait espéré édifier sur ses ruines, et avec ses ruines, non pas la puissance du peuple, mais sa propre domination.

Cette domination, maintenant que Robespierre

que serait devenue la Révolution ? Nous ne nous permettrons pas de le conjecturer; nous nous bornerons à écouter encore une fois Michelet sur ce point; Michelet qui pourtant n'a pas été toujours tendre pour ces terribles athlètes.

» Il (St-Just) avait embrassé dès longtemps la mort et l'avenir. Il mourut digne, grave et simple. La France ne se consolera jamais d'une telle espérance; celui-ci était grand d'une grandeur qui lui était propre, ne devait rien à la fortune. *et seul il eut été assez fort pour faire trembler l'épée devant la loi.* »

« Il (Robespierre) poussa un rugissement. On le vit un moment pâle, sudeux, la bouche ouverte toute grande et ses dents brisées qui tombaient. Puis, il y eut un coup sourd. *Ce grand homme* n'était plus. »

et son rigide système étaient à terre, elle lui revenait enfin ; elle se hâta de la constituer.

Deux Conseils : l'un votant la loi et l'autre l'admettant ou la rejetant, l'un dressant la liste sur laquelle devaient être choisis les 5 membres du pouvoir exécutif, et l'autre choisissant ces membres, telle fut en substance, la Constitution de l'an III, dite *Directoire*, qui, par les développement des ferments de ruine qu'elle tirait de son origine même et des circonstances où elle était née, devait fatalement désorganiser la force publique, balloter la France de factions en factions et finalement la ramener violentée et trompée, mais réduite, à la tyrannie.

Séduisante dans sa forme, car elle paraissait tout d'abord devoir être une pondération équitable des pouvoirs, cette constitution intéressa à sa discussion les meilleurs esprits de l'Assemblée. Lakanal fut de ce nombre. Disons toutefois de suite qu'il ne donna dans ce mirage que pour en éclairer les dangers des lumières de son expérience et de sa raison. Au surplus, voici à ce sujet sa pensée, telle qu'il l'exprima dans la séance du 29 messidor (juillet 1795) ; elle nous paraît de nature à inspirer d'utiles réflexions :

« Nos malheurs passés démontrent la né-
« cessité de diviser le corps législatif en deux
« branches. Il ne peut plus être question ici que
« de rechercher le système de division le plus
« propre tout à la fois à garantir les législateurs

« de l'activité funeste de l'enthousiame, et le peu-
« ple français de l'invasion de sa souveraineté. —
« Dans le projet de constitution qui vous est pré-
« senté les deux sections du corps législatif sont
« nommées par les collèges électoraux ; leur
« élection est donc également pure dans sa source.

« D'après les conditions d'éligibilité, la dif-
« férence de l'âge entre les membres des deux
« Conseils est de dix ans. Cette différence est
« peu notable, soit pour l'esprit (il est à 30
« dans toute sa force) ; soit pour le cœur ; si
« vous exceptez Saint-Just, tous les ambitieux
« qui ont ensanglanté la liberté, parce qu'ils
« ne voyaient en elle qu'une proie à dévorer,
« étaient âgés de plus de trente ans.

« Le conseil des représentants aura 250 mem-
« bres de plus que celui des anciens ; l'un et
« l'autre peuvent donc renfermer un égal nombre
« d'hommes muris par l'âge et les méditations.
« Il peut même, dans la suite, se trouver dans
« le Conseil des cinq cents, des hommes qui
« auront siégé dans celui des *Anciens*. On peut
« donc avancer que les deux Conseils sont com-
« posés à peu de chose près d'éléments sem-
« blables.

« Il en est bien autrement des fonctions dont
« ils seront investis. Le Conseil des cinq cents
« discute et élabore la loi, le Conseil des anciens
« l'approuve ou la rejette. Le premier de ces
« Conseils ne sera donc qu'un comité de prépa-
« ration, un bureau de travail ; ses attributions

« se borneront à la simple initiative de la loi.
« La puissance nationale résidera tout entière « dans le Conseil des anciens ; elle n'aura pour « contre-poids que l'opinion publique. Ce Con- « seil fera la loi ; il assistera même en quelque « sorte à son exécution, puisqu'il tiendra sous « sa dépendance le pouvoir exécutif, qu'il peut « accuser, qu'il peut absoudre en le couvrant « de sa protection et de l'impunité. Où se trouve, « dans cet ordre de choses, la garantie de la « liberté contre la puissance sans frein du Con- « seil des anciens ? Peut-on se promettre d'ail- « leurs qu'une aussi grande différence d'autorité « entre les deux Conseils ne rompra pas bientôt « l'harmonie qui doit les unir pour le bien com- « mun ? L'un ne se croira-t-il pas supérieur à « l'autre dans l'opinion ? La puissance du pre- « mier, la nullité douloureuse de second, doi- « vent nécessairement enfanter, à la longue, ces « combats de l'amour-propre auxquels le peuple « ne manque jamais de prendre part et qui le « divisent bientôt en deux partis avides de ven- « geances. De là, les excès populaires ; de là, « les forfaits de l'anarchie.

« Que voulut votre Comité de constitution ? « que voulez-vous vous-mêmes ? Poser une « barrière contre la précipitation des délibéra- « tions ; laisser le temps à la réflexion de dé- « couvrir les vices des lois avant de les donner « au peuple ; ralentir les pas du législateur pour « les rendre plus assurés ; pondérer sagement

« toutes les parties de la puissance nationale.

« Je propose : 1° de composer les deux Con-« seils d'éléments entièrement semblables pour « le nombre de leurs membres, les conditions « de leur éligibilité ; — 2° de conférer à chacun « des deux Conseils proposés un droit négatif « et d'adhésion sur les délibérations de l'autre ; — « 3° ajourner à la législature à venir le projet « de loi qui, renvoyé, avec l'exposé des motifs « de refus, à celui des deux Conseils qui l'aura « proposé, y serait de nouveau consacré par « un second décret rendu à la majorité absolue « des suffrages ; — 4° décréter que les membres « de l'un des Conseils qui aura un projet de « loi à présenter, l'annoncera d'avance pour « prévenir les propositions simultanées.

« Dans ce plan qu'un ancien législateur re-« commandable par ses lumières a indiqué le « premier, les deux sections du corps législatif, « se trouvent équilibrées l'une par l'autre, et « se servent réciproquement de modérateur, « sans se porter ombrage. »

Dans la séance du 6 thermidor suivant, il complétait son sentiment sur la question par ces sages réflexions qu'il nous faut particulièrement retenir :

« Votre vœu est prononcé pour la division « des pouvoirs constitutionnels, car vous voulez « le gouvernement des lois et non pas le « gouvernement des hommes ; mais cette division « existe-t-elle réellement dans la constitution

« qui vous est présentée ? Les bornes du pouvoir « exécutif sont-elles déterminées de telle manière « qu'il ne puisse ni envahir la puissance légis- « lative, ni être opprimé par elle?... — La « loi donne la décision ; la puissance exécutive « en fait l'application; et c'est de cet arrangement « que doit naitre la liberté civile.

« Dans cet ordre de choses, qui me paraît « celui dans lequel s'est placée votre commission, « on pourvoit bien à l'établissement des lois, « on assure leur exécution par l'institution d'un « gouvernement ; mais a-t-on mis un accord « nécessaire entre les pouvoirs et donné des « garants aux lois? A-t-on déterminé les attri- « butions respectives de ces deux pouvoirs ?...— « Le pouvoir du gouvernement doit être étendu « ou ressserré selon la différence des rangs et « des fortunes. Si les citoyens sont presque « égaux, il faut laisser au gouvernement une « plus grande autorité ; mais il faut la resserrer « à proportion de l'inégalité qui règne entre « les états, car alors il est infaillible que le « gouvernement, loin de rétablir l'équilibre, « achèvera de le rompre en favorisant les uns « aux dépens des autres.

« Il existe donc une omission grave dans le « projet de constitution, c'est le chapitre des « relations entre le législateur et le pouvoir « d'exécution.

« En effet, suivant l'art. XXVIII, le Pouvoir « exécutif prend des arrêtés ; il délibère donc

« sur l'exécution de la loi ; peut-il trancher des « difficultés qui neutralisent son action entre les « mains des fonctionnaires qui le consultent ? « Oui, sans doute. Il peut donc interpréter en « quelque sorte la loi ; et s'il en détorque le vrai « sens, soit innocemment, soit par des vues « criminelles qu'il n'avouera pas et dont il est « impossible de le convaincre, où sera la garan- « tie sociale ?

« Raisonnons dans la supposition contraire. « Privez-vous votre Pouvoir exécutif de la fa- « culté d'interpréter la loi ? Il sera donc con- « traint à chaque instant de consulter le Corps « législatif. Consumera-t-il, à appeler des déci- « sions, un temps qu'il doit employer à agir ? « Et, dans des jours de trouble et d'orage, les « formes tutélaires, mais lentes, qui accompa- « gnent la formation de la loi, lui laissent-elles « seulement l'espoir d'une décision soudaine « contre les maux qu'il faut prévenir et arrêter ?

« Un Pouvoir exécutif aussi débile convient-il « à une nation composée de 26 millions d'habi- « tants répandus sur un territoire de 27 mille « lieues carrées ?

« L'homme éclairé et vertueux doit recu- « ler, épouvanté, devant les fonctions exécu- « tives, en songeant que rien, de ce qui con- « cerne les agents d'exécution, n'est déterminé « dans la Constitution proposée ; elle ne parle que « d'une manière vague des devoirs qui leur sont « imposés, des peines qu'ils peuvent encourir.

« Les membres du Directoire, est-il dit dans « l'article XXIX, sont traduits en jugement pour « *tout crime capital relatif à leur gestion.* Quelle « indécision ! Quelle obscurité cruelle pour « l'homme vertueux qui ne veut dépendre que « de la loi ! *Le peuple qui n'offre pas à ses « magistrats une garantie plus certaine, ne « peut être servi que par des intrigants ou « des sots.*

« Je terminerai par une réflexion qui me pa- « rait avoir quelque poids : ou votre pouvoir « exécutif n'est chargé que de l'exécution ma- « térielle et littérale des lois, et, dans ce cas, « le Directoire exécutif qu'on vous propose est « une superfétation ruineuse, puisque les 6 « agents généraux remplissent des fonctions « ministérielles ; dès lors le pouvoir exécutif n'a « plus d'indépendance légale, il ne jouit que « d'une existence querelleuse et précaire qui « lui ôte toute dignité, et cet avilissement se « communique bientôt à ses fonctions, l'équi- « libre des pouvoirs est rompu, la liberté n'est « plus ; ou il a une étendue de puissance et « d'autorité qu'on n'a pas pris soin de limiter « et de circonscrire, et dans ce cas il existe « dans la Constitution une lacune qu'il est in- « dispensable de remplir.

« Le but manifeste de votre comité de Cons- « titution a été, en organisant un Directoire « exécutif, qui tient dans sa dépendance les « agents généraux ou ministres, de sauver l'in-

« dividualité, et de former un être collectif et « moral, revêtu de toute l'intensité de pouvoir « pour agir efficacement et sans entraves.

« Je crois ce plan utile à la liberté, si ce « Directoire, point central d'exécution, est cir- « conscrit dans des limites bien déterminées, « si ses fonctions sont fidèlement énoncées.

« Je demande : 1° Qu'il soit ajouté à la Cons- « titution un chapitre qui contienne les relations « du pouvoir exécutif et du pouvoir législatif; « 2° Que dans ce chapitre on spécifie les at- « tributions de ces deux pouvoirs; 3° Je de- « mande la remise de ces observations à la « commission des onze, à laquelle je commu- « niquerai un travail que j'ai fait sur les vé- « ritables fonctions du pouvoir exécutif. »

Sa proposition ne fut pas adoptée, et son travail sur les fonctions du pouvoir exécutif fut perdu comme tant d'autres écrits de cet esprit fécond et puissant dont il ne nous reste rien.

VIII

Cependant les débats, engagés sur un autre point de la constitution, appelèrent de nouveau Lakanal à prendre part à la discussion. Il s'agissait du mode de renouvellement de l'Assemblée par tiers.

Mais ce qui va suivre étant le développement d'un point de droit constituant qui, par certaines analogies, reporte la pensée aux débats qui ont précédé le vote de la Constitution politique présenté à la France, nous croyons devoir, pour la compréhension parfaite des idées de Lakanal, ajouter quelques détails rapides aux indications trop sommaires que nous avons données de la Constitution de l'an III.

Nous avons dit que cette Constitution, en ce qui concerne les pouvoirs politiques qu'elle créait, était formée de deux Conseils élaborant et votant la loi, et d'un Directoire, chargé de son exécution. De ces Conseils, l'un, celui des *cinq-cents*, se composait, comme son nom l'indique, de 500 membres ; l'autre, celui des *anciens*, de 250 membres. *Trente* ans d'âge au moins étaient nécessaires pour pouvoir faire partie du premier ; il en fallait *quarante* pour être admis aux *anciens*, et de plus être marié ou veuf.

L'élection, pour les deux Conseils, était à deux degrés. Tous les citoyens de 21 ans étaient admis à désigner, dans les assemblées *primaires*, les délégués chargés de nommer en assemblée électorale les représentants des deux Conseils.

Nous avons déjà dit que le Directoire exécutif était composé de cinq membres, choisis par le Conseil des anciens sur une liste proposée par celui des cinq-cents ; nous ajouterons que la Convention, avant de se dissoudre, décida par deux décrets, l'un du 5 et l'autre du 13 fructidor, que les deux tiers des deux Conseils seraient pris parmi ses propres membres par les assemblées électorales.

Quant au renouvellement, il devait, d'après la Constitution même, avoir lieu tous les ans par tiers pour les deux Conseils, et par cinquième pour le Directoire.

Les défauts, disons mieux, les vices de cette Constitution frappent déjà les yeux ; nous les ferons ressortir tout à l'heure après avoir exposé les griefs élevés contre elle par Lakanal.

« La rénovation par tiers, dit-il dans la séance « du 3 fructidor, sera-t-elle faite par le corps « électoral ou par la Convention, à l'appel no- « minal ou au scrutin secret ?

« Ces deux modes me paraissent également « mauvais. S'agit-il du scrutin secret dans le

« sein de la Convention ? Vous pouvez bien « m'obliger à rejeter d'une liste qu'on me pré- « sentera un certain nombre de mes collègues ; « mais vous ne pouvez pas, sans violenter les « consciences, sans torturer les principes, m'o- « bliger de désigner parmi vous cinq cents « membres du corps législatif, soit parce que je « ne connaîtrai pas assez mes collègues, soit, « si l'on veut, parce que je les connaîtrai trop. « Vous ne pouvez pas me forcer à porter sur « ma liste un grand nombre de suppléants que « je ne connais pas même de vue et que le « sort a appelés parmi vous. Vous ne pouvez « pas me forcer à nommer une législature qui, « selon moi, doit fonder ou perdre la République « avec des collègues que je ne croirai pas ca- « pables de faire à la Patrie le généreux sa- « crifice de toutes les haines particulières, qui « ne seront pas sans parti et sans passions « comme les lois qu'ils doivent lui donner.

« Vous ne pouvez pas me forcer à nommer « des collègues que je ne croirai pas incorrup- « tibles. Et remarquez que ce n'est pas d'après « ce qui est vrai que je dois me déterminer « dans cette élection, mais d'après ce que je « crois tel : je dois suivre ma conscience, fût-elle « erronée, Et puisqu'on répète chaque jour, à cette « tribune, que toute la Convention n'est pas pure, « je ne puis ni ne dois nommer, moi, que ceux de « ses membres que je connais parfaitement ; or « je n'en connais pas parfaitement cinq cents.

« Ce que j'ai dit de la Convention nationale, je « l'applique aux corps électoraux de mon dé- « partement : Si le corps électoral de mon « département ne voit dans les 6 membres qui « composent sa députation que 3 représentants « qui aient sa confiance, pouvez-vous le forcer « à en prendre 4 sur la liste ? Pouvez-vous « commander à sa conscience un acte qu'elle « réprouve ? Non, vous ne le pouvez pas. Vous « ne voulez pas être tyrans, et les attentats de « la tyrannie ne peuvent même pas aller jusque- « là : le domaine des cœurs est inaccessible à « ses fureurs et à sa puissance.

« Je ne parle pas des discussions que la « malveillance provoquera dans les corps élec- « toraux, sous le spécieux prétexte de choisir, « sur la liste, les députés les plus fidèles.

« Ce sera une espèce de rendez-vous dans « lequel, en feignant d'éclairer l'opinion, la ca- « lomnie déroulera, sous les yeux du public, les « crimes imaginaires qu'on vous impute, et tous « les membres de la Convention sortiront de « cet examen plus ou moins calomniés. — Quelle « source féconde d'accusation contre l'Assemblée « législative !

« Citoyens, voici la vérité, toute nue et tout « entière. D'une part, on veut une espèce d'é- « puration, moins pour éloigner les coupables « que pour se défaire de quelques hommes « qu'on n'aime pas. De l'autre part, on veut les « corps électoraux, parce qu'on craint une épu-

« ration concertée, une épuration faite par l'in-
« trigue.

« Je dirai à ceux qui semblent appeler une « épuration nouvelle : la dernière s'est faite sur « le rapport d'un comité, composé en majorité « des victimes honorables de la tyrannie dé- « cemvirale. Ne devait-elle pas calmer l'opinion, « effacer toutes les haines, réunir tous les cœurs, « si on ne cherchait que le salut de la patrie. « Que d'épurations se seraient faites dans l'As- « semblée constituante, si, dans toutes les con- « vulsions de l'empire, on avait écouté, comme « aujourd'hui, les journalistes calomnieux, les « femmes intrigantes, les partisans hypocrites de « l'humanité et de la justice ! Consultez, dans « les pamphlétaires du temps, ce qu'on appelait « une certaine opinion publique : le côté gauche « de l'Assemblée constituante était composé de « brigands, d'anarchistes, d'hommes perdus de « dettes et de réputation. — L'Assemblée cons- « tituante qui sentait profondément sa dignité « méprisa les journaux dont elle n'eut pas la « maladresse de faire une puissance ridicule- « ment colossale ; elle brava ses ennemis et se « fit respecter de toutes les factions.

« Lorsque vous aurez prononcé sur nos col- « lègues ajournés, je ne verrai ici, quoiqu'on « en dise, que des hommes dignes de leurs « fonctions.

« Il est démontré :

« 1° Que vous avez tous fondé la République ;

« 2° Que vous exécrez tous les infâmes « émigrés ;

« 3° Que vous faites aujourd'hui le bien public sans entraves et sans obstacles.

« Que voulez-vous donc? Pouvez-vous espé« rer que les corps électoraux donneront à la « patrie des événements plus propres à son « bonheur? Vous portiez la république dans le « cœur puisque vous l'avez proclamée unani« mement ; vous êtes intéressés à la soutenir « puisque sa ruine entraînerait la vôtre.

« Qui prononcera entre des hommes qui sans « doute n'ont pas par leurs talents et leurs « vertus des droits égaux à l'estime de la nation, « mais qui me paraissent dignes de la repré« senter ?

« Le sort est aveugle, me dit-on ; oui, mais « bien moins que le royalisme et le fanatisme « qui, dans les corps électoraux, travailleront « à faire écarter de l'assemblée législative les « représentants les plus vertueux, C'est en con« formité de la Constitution que vous vous re« nouvelez par tiers. Eh bien, n'exécutez pas « à demi la disposition de la Constitution, et que « le sort décide entre vous tous quels sont ceux « qui doivent rester. »

Ces conseils si sages, si conciliants, si prévoyants de Lakanal ne furent pas écoutés ; ils s'inspiraient d'un républicanisme trop pur pour pouvoir s'accorder avec les sentiments des onze réacteurs qui avaient été chargés d'élaborer le projet de cette Constitution et qui n'avaient eu, pour la plupart, qu'un but, l'établissement d'une république oligarchique, sur des institutions aristocratiques capables de contenir désormais la multitude.

En outre de ce caractère exclusif, cette Constitution présentait, à notre sens, dans son organisme même, des défauts capitaux qui ne pouvaient tarder à la ruiner : elle faisait élire le pouvoir exécutif par le pouvoir législatif, mettant ainsi l'un dans la dépendance de l'autre, ce qui n'est logique que lorsque le pouvoir exécutif n'est qu'une délégation temporaire du pouvoir législatif prise dans son sein même, et non une fonction distincte, par sa nature et par ses prérogatives particulières, de ce pouvoir. Elle instituait deux Chambres, ce qui, avec l'esprit simpliste, rectiligne et égalitaire qui est en France un des caractères du génie républicain, constituait une superfétation ou un danger. Elle faisait d'un citoyen de 21 ans un électeur, mais exigeait de lui, ici 30 ans, et là 40 ans d'âge, pour être élu, lui reconnaissant de la sorte assez de discernement pour choisir l'homme capable de faire la loi en son nom, mais pas assez pour collaborer lui-même à cette loi. Elle établissait enfin l'élection à deux degrés, instituant ainsi, pour tout le territoire, *pour 25 millions d'habitants*, un collége électoral de *cinquante mille* membres au plus, et livrant par là la représentation nationale aux assauts faciles de l'intrigue et de la corruption.

Disons-le, dans l'état d'épuisement et de lassitude particulier où se trouvait alors la France, cette constitution était la porte ouverte au retour de la royauté par la conspiration, ou à l'invasion d'une dictature militaire par l'anarchie.

Ce fut, comme on sait, la dictature militaire qui entra, traînant à sa suite l'Empire, c'est-à-dire le pouvoir absolu sous sa forme la plus despotique et son action la plus brutale.

A cela, deux convulsions avaient suffi : *le 21 floréal* (avortement de la conspiration Babeuf), et *le 18 fructidor* (interdiction aux représentants de l'entrée de l'Assemblée par les troupes d'Augereau) ; l'une mortellement funeste à la révolution populaire ; l'autre, en apparence propice, mais en réalité plus néfaste encore au régime républicain. Et de fait, en transformant l'armée en un aveugle instrument politique, en l'appelant à trancher ce que seule la loi constitutionnelle doit résoudre ; en la plaçant à la porte des assemblées, non plus pour protéger la liberté de leurs délibérations, mais pour en interdire l'entrée aux représentants de la nation, en tournant en un mot le glaive symbolique de la Loi contre les tablettes mêmes de cette loi, le pouvoir directorial créait un précédent néfaste ; il préparait fatalement l'armée à la violation du sanctuaire même de la loi; il ouvrait l'ère des coups d'Etat.

C'est ainsi que le 18 Fructidor contenait le 18 Brumaire; et le 18 Brumaire, l'Empire.

Mais revenons à Lakanal, et voyons quelle attitude fut la sienne à travers ces divers événements.

IX

Élu au Conseil des Cinq Cents, il prêta, dans la séance du 1er pluviôse an IV (21 janvier 1796), le serment de haine à la royauté prescrit ce jour-là à tous les membres. Seulement, il accompagna la formule sacramentelle « je jure haine à la royauté, » de la motion suvante :

« Le Conseil a ordonné que tous les fonctionnaires publics signeraient le serment qu'ils ont prêté. Vous savez combien, depuis le commencement de la Révolution, on s'est joué de la foi des serments. Je demande qu'un monument authentique les atteste et les conserve ; que le procès-verbal de cette séance soit individuellement signé de tous les membres et déposé aux archives. »

Cette proposition fut adoptée ; et elle nous a permis de relever, sur le procès-verbal indiqué, entre autres noms, ceux de :

Boissy d'Anglas, fait sénateur et comte par l'Empire, et pair de France par la Restauration.

Cambacérès, archi-chancelier de l'Empire, puis prince, puis duc de Parme.

Siéyès, sénateur et comte de l'Empire.

Tallien, consul de l'Empire.

Merlin (de Douai), procureur général de la cour de cassation sous l'Empire.

Etc., etc...

Le 3 pluviôse, c'est-à-dire le surlendemain de sa proposition, Lakanal, indigné de voir la jeunesse dorée, les muscadins du Directoire, échapper, grâce a l'appui des réacteurs, à la réquisition, et troubler la tranquillité de la capitale, pendant que les fils des sans-culottes et des paysans se battaient comme des lions à la frontière, Lakanal, disons-nous, s'éleva, dans l'Assemblée, contre ces abus par cette courageuse sortie :

« Vous avez célébré, avant-hier, la fête de la « République ; elle ne peut s'asseoir que sur les « ruines de tous les privilèges et de tous les « abus. Je viens vous en dénoncer un qui, « depuis longtemps, nourrit l'indignation au « fond de mon cœur, et qu'il faut enfin enlever « jusqu'à ses racines. Je viens vous dénoncer « cette foule d'enfants déshonorés qui, frappés « par la réquisition, n'ont pas encore été expier « aux frontières la honte de n'avoir rien fait « pour leur patrie. Vainement le législateur tra« vaille à les rallier sous les drapeaux de la « liberté ; ses travaux n'ont produit jusqu'ici « que le triomphe des coupables et la honte des « lois. La cause de ces affronts à la volonté « nationale, vous la trouverez dans les démar« ches de cette foule de solliciteuses, l'op-

« probre de leur sexe ; vous la trouverez dans « l'influence corruptrice de ces festins où brille « l'or volé à la République; vous la trouverez « dans la mollesse criminelle, dans la corruption et l'incivisme des agents d'exécution et « principalement des officiers de santé de toute « la République.

« C'est surtout sur eux qu'il faut porter un « regard assuré et impitoyable ; ils vont distribuant des liasses de certificats de maladie « à des jeunes gens qui, tous les jours, agiotent « sans pudeur sur nos places publiques et qui, « le soir, réunis aux spectacles, insultent à « l'autorité nationale et repoussent effrontément « les chants de nos triomphes. Jusques à quand, « législateurs, la loi reculera-t-elle devant une « poignée de polissons qui jouissent sans vergogne du scandaleux triomphe de l'impunité ? « Il faut, ou que les lâches aillent servir la « République sur nos frontières, ou que la « République les vomisse de son sein. Il « faut que si vos lois, à cet égard, ne s'exécutent pas avec une religieuse ponctualité et « que ces émigrés internes n'obéissent pas à « la voix de la Patrie, tout citoyen ait le droit « et le devoir de les saisir partout où il les « trouvera et de les consigner dans le plus « prochain hopital. Je prends, moi, l'engagement solennel de dénoncer tous les abus qui « pourraient les tenir éloignés du poste que leur « a assigné la Patrie. Je les reproduirai sans

« cesse à cette tribune; l'espoir d'être utile à « mon pays me fera braver la crainte d'être « importun. Je demande la formation d'une com- « mission chargée de vous proposer un mode « de révision prochaine et sûre de tous les « certificats délivrés par les conseils ou officiers « de santé. »

Cette proposition fut adoptée; mais il eut fallu des remèdes plus énergiques que ceux que notre jeune Caton proposa; il eut fallu surtout un autre gouvernement que le gouvernement du Directoire, et ces offres viriles, que le Comité de salut public eut immédiatement recueillies et fait passer dans la pratique, tombèrent, avec les échos qu'elles avaient un instant éveillés dans l'Assemblée.

Deux ou trois fois encore, dans des circonstances semblables, on le vit à la tribune. Puis, sentant l'inanité de ses efforts, il ferma dans son âme attristée et inquiète le beau livre où il puisait ses généreux sentiments et se tut, abandonnant aux jeunes armées républicaines les destins de la Patrie.

X

« Son pays, nous dit M. Mignet, à travers les pages duquel nous allons parcourir la suite, si féconde en vicissitudes et si étrange, de la vie de Lakanal, son pays était victorieux de l'Europe ; les lettres se dégageaient de la barbarie ; il résolut d'abandonner la vie publique. Il refusa donc le mandat législatif qui lui fut encore décerné par le département de Seine-et-Oise. Réélu, malgré sa résistance, il refusa de nouveau par ces mémorables paroles : « Lorsque les armées ennemies étaient aux portes de la capitale, j'ai accepté les fonctions périlleuses de représentant du peuple, aujourd'hui que les Alpes, les Pyrénées s'aplanissent sous la marche triomphale des armées françaises, je me retire à l'écart avec mes livres et quelques amis, les seuls biens dont mon cœur soit avide. »

« Mais bientôt de nouveaux dangers l'appelèrent à de nouveaux dévouements. Dans la désastreuse année de 1799, lorsque l'Italie était évacuée et perdue, lorsque les Anglais débarquaient en Hollande, les Russes pénétraient en Suisse, les Autrichiens marchaient sur le Var

BIBLIOTHÈQUE NATIONALE R.F. IMPRIMÉS

et sur le Rhin, et que notre territoire était menacé de toutes parts, M. Lakanal fut envoyé par le Directoire à la frontière du Nord, en qualité de commissaire général de la République. Il accepta. Placés sous ses ordres, les quatre nouveaux départements de la rive gauche du Rhin, que la victoire et les traités avaient réunis à la France, furent délivrés des déprédateurs et défendus contre les ennemis. M. Lakanal les administra fortement et y poursuivit avec une inexorable intégrité ceux qu'il appelait *les pillards*, c'est-à-dire d'indignes fonctionnaires qui indisposaient le pays en le pressurant, de cupides fournisseurs qui exploitaient l'armée en la nourrissant mal. Il destituait les uns par des arrêtés qui les couvraient d'ignominie et jetait les marchandises avariées des autres dans le Rhin. Un jour il fit répandre tant de pièces de vin frelaté dans le fleuve, que ses eaux en furent un moment rougies sous Mayence. Les habitants de cette ville menacée, pleins de confiance dans son activité et dans son énergie, ne se reposèrent que sur lui du soin de leur défense, et demandèrent au Directoire que Lakanal eût le droit d'assister aux séances du conseil de guerre, et le pouvoir de s'opposer à ses décisions.

« Sentinelle de la Révolution dans ce poste avancé de la France, M. Lakanal y resta tant que l'intérêt du pays l'y retint. Mais après que Masséna eut défait les Russes à Zurich, que Brune eut repoussé les Anglais en Hollande, que le vainqueur de l'Italie et le conquéran de l'Egypte, devenu maître de l'Etat au 18 brumaire, eut assuré de nouveau le triomphe de la Révolution au dehors, en rendant fort incertaine la durée de la République au dedans, M. Lakanal se retira pour toujours des affaires.

« Il ne méconnaissait pas les mérites du gouvernement nouveau, mais il en redoutait les desseins. Provoqué par le désordre public, fondé par la force, recommandé par la gloire, ce gouvernement qu'exerçait avec génie, qu'imposait avec autorité le plus incomparable des capitaines, abattait l'anarchie, mais, dans la même étreinte, étouffait la liberté ; organisait savamment la France, mais du même coup l'asservissait irrésistiblement. S'il accomplissait des choses utiles aux yeux de Lakanal, il en détruisait de nécessaires ; il sacrifiait les principes politiques de la Révolution à ses résultats civils, et de la volonté périlleuse d'un grand homme faisait trop l'unique règle d'un grand pays. N'approuvant pas tout, M. Lakanal ne voulut être rien. Celui qui, lors de son avénement au Consulat, lui avait écrit : « Les services importants que vous avez rendus vous mériteront dans tous les temps des droits à l'estime des hommes » aurait confié de hautes fonctions à M. Lakanal, pour peu que M. Lakanal eût été disposé à les accepter. Mais dans cet abandon des principes pour les intérêts, il n'entendit pas être, comme beaucoup de ceux qui avaient pensé avec autant d'exaltation et agi quelquefois avec moins de retenue que lui, ni sénateur, ni conseiller d'Etat, ni préfet, ni comte.

« Fidèle à ses vieilles convictions, il redevint modestement professeur. Sans croire s'abaisser en travaillant pour vivre, il enseigna les langues anciennes à l'école centrale de la rue Saint-Antoine et il resta dans l'Université jusqu'en 1809. Il en sortit à cette époque et, jusqu'en 1814, il surveilla, en qualité d'inspecteur général des poids et mesures, l'application du nouveau système métrique. Durant ces longues années, il préféra sa pauvreté et son indépendance à d'inconséquentes grandeurs, et, en parlant de lui et de ceux qui avaient exercé avec le même désintéressement que lui le suprême pouvoir sous la République, il employait les mots que Quinte-Curce met dans la bouche des soldats d'Alexandre : *Omnium victores, omnium inopes sumus* ; — vainqueurs de tous, nous manquons de tout.

« Lorsque la chute de l'Empire et l'invasion de la France eurent ramené les Bourbons sur le trône, M. Lakanal perdit la place qui le faisait vivre, et même son siége à l'Institut. On l'élimina en 1815 de l'Académie des inscriptions et belles-lettres, dont il était membre depuis que l'Académie des sciences morales et politiques avait été supprimée en 1803.

« Il comprit alors qu'il ne convenait plus à un juge inexorable des rois, à un ami obstiné de la République de rester en France ; Il partit pour les Etats-Unis d'Amérique, avec des rois dépossédés, des généraux proscrits, des conventionnels menacés, et tous ensemble ils allèrent demander un asile à la République lointaine qui devait accorder à des Français une part de la liberté que lui avaient procurée, trente années auparavant, les efforts généreux de la France. »

Après avoir raconté l'arrivée de Lakanal sur cette terre de « la plus gigantesque des républiques »; après nous l'avoir montré faisant sa visite à Jefferson retiré dans sa ferme de Monticello, à la suite d'une double présidence où il avait contribué à l'affermissement et à l'extension de l'œuvre démocratique de Washington et de Monroe; après nous avoir entretenu de son intimité avec le populaire ex-président et l'éloquent orateur démocrate Henry Claye; après l'avoir représenté dans son costume de colon sur les confins de la forêt *éternelle* des monts Alleghany, aidant lui aussi, un livre dans une main et une pioche dans l'autre, à la conquête de la nature par le génie républicain, dont le champ n'a de limites que celles du monde et de l'humanité; après nous avoir dépeint sa déception en présence du sol infécond et aride de ces bords de l'Ohio tant vantés par la chanson; après nous avoir dit que, sous ce ciel, où, — toujours d'après la chanson, — *on était vêtu du climat*, il avait subi des hivers de sept mois et des froids de 23 degrés Réaumur au-dessous de zéro; après nous avoir raconté tout cela, M. Mignet poursuit :

« M. Lakanal vécut néanmoins longtemps dans ces régions reculées, en planteur et en sage, avec quelques vieux livres, au milieu des grands spectacles d'une nature nouvelle et des rapides développements d'un peuple jeune. »

Il y resta jusqu'en 1822, époque à laquelle l'Etat de la Louisiane lui confia la direction de l'université déchue de la Nouvelle-Orléons. Il releva rapidement les études de cette université, et la laissa en pleine prospérité quand, après plusieurs années, il s'établit sur une terre qu'il acheta, du prix de l'ancienne, dans le voisinage de la Mobile, non loin du grand delta du Missisipi. Dans l'Alabama, comme dans le Kentuky, il cultiva les lettres et les champs, observa les mœurs, et fit la Flore du pays, préférant de beaucoup la nature à la société américaine.

C'est là qu'il apprit tout d'un coup la révolution de Juillet. Son cœur en tressaillit : la France lui était rouverte; mais sa joie s'accrut encore quand l'Académie renaissante des sciences morales et politiques, instruite par le savant M. Geoffroy-Saint-Hilaire, avec lequel M. Lakanal était resté en commerce de lettres comme en relation d'amitié, instruite, dis-je, qu'un de ses plus anciens membres vivait encore dans les contrées du nouveau monde, l'appela à siéger au milieu d'elle, avec Siéyés et Merlin, Rœderer et Daunou, à la place qu'y laissait vacante la mort de Garat.

En recevant l'extrait du procés-verbal de cette seconde élection, il y inscrivit ces vers touchants que l'exil avait inspirés, dix-huit siécles auparavant, à Ovide, sur les bords du Pont-Euxin :

Nescio qua natale solum dulcedine cunctos
Ducit, et immemores non sinet esse sui.

XI

Ce fut en 1837 qu'il rentra en France, on sait avec quel air de force et de jeunesse et sous quel habit, — cet habit du temps du Directoire, qui frappa tant M. Mignet et qui avait dû frapper, à 22 ans de là, aussi vivement Jefferson, mais, peut-être, d'un autre sentiment.

« Egaré pour ainsi dire, parmi des générations inconnues, ajoute M. Miguet, le savant et rigide vieillard se plaisait surtout dans les deux grands établissements qu'il avait concouru à fonder, et où il trouvait les sentiments d'une longue reconnaissance et d'une naturelle confraternité. Dès son retour, une clef du Jardin des Plantes lui avait été remise, d'après une délibération expresse de tous les professeurs avec cette inscription : *Le Muséum d'histoire naturelle à M. Lakanal*. L'Institut l'honorait comme son organisateur et son doyen. Vos séances étaient devenues le dernier intérêt de son esprit. Il n'en manquait aucune. Il y communiquait quelquefois les souvenirs de son expérience agitée et les observations qu'il avait recueillies durant son exil; mais il annonçait des communications plus précieuses encore sur l'existence intérieure de la Convention et sur l'état moral de l'Amérique, dans deux ouvrages qu'il avait depuis longtemps composés, et qui, malheureusement, ne se sont point retrouvés après sa mort. (1)

« Vous l'avez touché profondément lorsque, dans la dernière année de sa vie, vous lui avez décerné, presqu'à l'unanimité, la présidence de l'Académie, que son grand âge l'empêcha d'accepter. Il n'avait plus, disait-il, *qu'à écouter et à se taire*.

« Pourtant, son esprit était encore si ferme, sa voix si forte, que nous espérions le conserver longtemps. Mais, en sortant, au mois de décembre 1844, d'une de vos séances, le froid le saisit et glaça ce qui lui restait de vie. Il vit approcher sa fin sans trouble et sans regret. La sérénité de son esprit et la fermeté stoïque de son âme

(1) Lakanal, dit Michelet, avait fait un ouvrage important SUR LES ÉTATS-UNIS, dans un point de vue opposé à celui de M. de Toqueville, comme il l'expliquait lui-même. « Cet ouvrage, dont nous avions vu le manuscrit et le titre déjà imprimé, a mystérieusement disparu au moment de la mort de Lakanal ! A-t-il été anéanti pour jamais ? Est-il tenu en réserve pour reparaître un jour ? Quels motifs ont pu armer des mains impies contre le trésor le plus précieux d'un mourant, contre le testament qu'il laissait à la postérité ?... Il laissait aussi des notes précieuses sur la Révolution. Elles ont disparu avec l'ouvrage sur les Etats-Unis ; et peut-être est-ce à cause d'elles seulement que celui-ci a été enlevé. » (Geoffroy-Saint-Hilaire, page 33, note, article publié dans la LIBERTÉ DE PENSER, n. 17-18, avril-mai 1849.)

« C'est à moi, poursuit Michelet, de les adopter, de les défendre, ces hommes tellement attaqués. Je me sens leur parent, si les leurs les ont oubliés. Leurs familles montrent peu d'empressement à accomplir leurs volontés, à donner au public leurs souvenirs, leurs justifications. Plusieurs ont écrit, et l'on n'a presque rien publié. — Qu'ils sachent bien

se conservèrent jusqu'au bout. Il disait à notre confrère M. Lélut qui était son médecin et son ami : « Vos soins ne me sauveront pas : Je sens qu'il n'y a plus d'huile dans la lampe. »

« Quelques heures avant d'expirer, il désira voir les nouveaux amis auxquels il s'était attaché après avoir perdu les anciens, MM. Isidore Geoffroy-Saint-Hilaire, Blanqui, David (d'Angers), pour leur adresser un dernier adieu. Elevant sa pensée confiante vers le Créateur des êtres, et jetant un regard encore obscurci sur le monde futur, il citait de sublimes paroles de Cicéron et de Saint-Augustin, et il disait paisiblement : « Je vais comparaître, les mains pures et sans crainte, devant cette Providence que je ne comprends pas, mais que je sens. »

« C'est avec ces hautes espérances, et après avoir prononcé ces belles paroles, que M. Lakanal s'éteignit, le 17 février 1845, à l'âge de 82 ans.

pourtant, ceux qui gardent leurs écrits sous la clef, qui se sont constitués geôliers de leur pensée, qu'elle n'appartient à nul qu'à la France ; la France est, avant tous, la fille et l'héritière ; on restera responsable envers elle de ces dépôts précieux. — Baudot et Larevellière-Lépaux ont laissé des mémoires ; j'en ai demandé communication, inutilement jusqu'ici. M. Baudot, en mourant, avait spécialement chargé M. Quinet de publier les siens ; sa famille ne l'a pas permis. »

Le grand historien adressait cette invocation en 1850. La famille que Lakanal s'était formée, à un âge malheureusement très-avancé (75 ans), ne l'a pas entendue, ou n'a pas pu répondre. Nous ne croyons pas toutefois qu'il y ait de sa faute. Peut-être, là aussi, comme dans d'autres cas, trouverait-on, si les murs pouvaient parler, les mains de familles plus élevées et toujours intéressées à la disparition de documents accusateurs. C'est ainsi qu'une partie de la correspondance particulière de Robespierre, conservée par Picot, son compatriote et secrétaire particulier, et qu'un de nos amis a lue, n'a pas été retrouvée.

« M. Lakanal, dit encore en terminant M. Mignet, avait cru à la République, et il y croyait encore : On n'a pas deux fortes convictions en sa vie. Les esprits ardents gardent leur premier enthousiasme, et les cœurs généreux ne se donnent bien qu'une fois ; aussi les espérances déçues de sa jeunesse restèrent les rêves mélancoliques de ses vieux jours. »

Nous trouvons la confirmation de ce noble langage dans les extraits suivants de la notice de M. Emile Darnaud par lesquels nous compléterons l'œuvre de nos prédécesseurs dans la reconstitution de la physionomie politique de Lakanal.

« En 1838 (à son retour d'Amérique), Lakanal écrivait ces paroles ardentes : « La liberté ora-« geuse est préférable à un esclavage tranquille... « J'irai dans l'Ariége. Je fus investi deux fois « de la confiance de ce département. Qui sait ? « j'ai la plénitude de mes facultés physiques et « morales, et la tribune n'a pas perdu ma mé-« moire. »

— « L'Institut a placé à l'entrée de la salle de ses séances le buste en marbre de Lakanal, sculpté par David (d'Angers). Le célèbre statuaire choisit la date du 10 août pour envoyer ce buste à Lakanal avec la lettre ci-dessous :

« Paris, 10 août 1840.

« Mon cher et illustre collègue,

« Quand je ne vous connaissais que par la renommée, je vous admirais. Actuellement que j'ai l'inappréciable bonheur de vous connaître personnellement, je vous aime. Permettez à un homme qui vous admire et qui vous aime, de vous offrir ce double hommage de sa vive et profonde sympathie pour vous.

« Ce buste vous rappellera quelquefois l'auteur qui est si heureux d'avoir été l'un des premiers à écrire sur le marbre ses sentiments de vive reconnaissance pour l'un des membres de cette sublime *Convention* à laquelle l'avenir élèvera des monuments d'admiration et de vénération (1).

« Agréez, je vous prie, mon cher collègue, l'assurance de mes sentiments d'admiration et de dévouement de cœur.

« David. »

« Pour qui sait lire entre les lignes, il est facile de voir que David (d'Angers), faisant un

(1) Les prévisions de David d'Angers se réalisent tous les jours. Tous les grands esprits, tous les historiens, dignes de ce nom, sont venus et viendront de plus en plus ratifier ce jugement. Le plus consciencieux d'entre eux et incontestablement le plus profond, celui qui a le plus perçu les rayons du génie de ces temps-là, Michelet, après avoir gémi sur le sort de la République tuée dans le choc des passions de ses fondateurs, dépose ainsi sur la principale accusation portée contre les hommes de l'immortelle Assemblée :

« Ce qui crève le cœur quand on repasse ces destinées tragiques, ce qui est aujourd'hui si clair et si certain, c'est qu'ils se frappèrent sans se connaître ; ils s'ignorèrent profondément.... Le temps est venu qui a révélé, expliqué, — et l'histoire mieux connue, et le grand juge, la mort ! Il n'y a pas eu un traître dans toute la Convention. La République n'y eut pas un ennemi. Il n'y eut jamais une Assemblée plus désintéressée, plus sincère. La peur, la haine, eurent action sur beaucoup de ses membres, l'intérêt sur aucun. Sauf deux ou trois voleurs, connus, punis, tous sont morts purs et pauvres. Quoique la violence, la fureur, l'entraînement d'une situation unique aient pu leur faire commettre, il reste à chacun d'eux

magnifique cadeau à Lakanal, cherchait surtout à ne pas froisser l'ombrageuse fierté que fait naître le dénûment. David (d'Angers) savait que

pour dernier jugement de l'histoire, le mot que dans les guerres des Suisses disait, sur Zwingle mort, un de ceux qui l'avaient tué :

« Ah ! tu fus un homme sincère, tu aimas ta patrie ! »

Michelet a encore dit :

« Hélas ! la Révolution n'a tué presque que ses amis. ses ennemis, dès l'origine, s'étaient mis en sûreté. Lisez les listes des morts, vous verrez que presque tous ceux qu'elle frappa étaient, à des degrés différents, révolutionnaires. Si la Révolution leur eût à tous ouvert le cœur, elle n'y eût trouvé qu'elle-même. »

Voilà pour ce qu'on est convenu, dans une certaine presse, d'appeler leurs crimes, et ce qui n'a été, au fond, que leur lamentable suicide. Leurs vertus, leurs actions héroïques, leurs réformes sociales, leurs fondations immortelles, qui oserait tenter de les analyser ? Ils inaugurèrent le régime de la loi. Avant eux, on disait : « *Si veut le roi* ; » on dit depuis : « *Au nom de la loi*. » Ils instituèrent la République, à laquelle les précédentes Assemblées n'avaient pas même songé, ce gouvernement du peuple par lui-même, le seul naturel, le seul éternellement légitime.

Ils ont assuré, moyennant un prix modique, au paysan, le sol qu'il n'avait cessé de cultiver, et dont il avait été spolié, au plus profond du moyen âge, par le dol ou la conquête: ce sol, ils ne le lui donnèrent pas, ils ne le lui rendirent point, ils le lui vendirent; ils lui permirent de le reconquérir, *en le payant*, afin de légitimer, de légaliser, cette reprise de possession de la terre, pourtant bien des fois regagnée : regagnée par le travail incessant, éternel, pendant mille ans de servage forcé, inique ; regagnée encore par l'impôt, les corvées gratuites, la dîme, tous les droits arbitraires de la force, subis passivement pendant mille ans ! — Ils constituèrent sur principe d'égalité, l'unité territoriale, politique, administrative, financière, judiciaire, militaire. Ce n'est pas tout, en même temps qu'ils organisaient le pouvoir révolutionnaire, ils le défendaient, par la levée, l'équipement et le commandement de douze armées, contre les souverains de l'Europe coalisés; ils vainquirent ces souverains et portèrent, d'un même coup d'épaule, les frontières de la France jusqu'au Rhin et jusqu'aux Alpes, offrant aux peuples ce qu'ils leur avaient promis, la liberté. Et enfin, ils moururent pour avoir fait tout cela ; parce que, sans doute, il était nécessaire que ce grand œuvre, pour être immortel, après avoir été créé par leur puissant génie, fut cimenté par leur sang.

Lakanal vivait dans la gêne la plus extrême.

« C'est sur un cahier, qui n'avait pas dû coûter plus d'un sou, que Lakanal écrivait ses notes les plus précieuses ; et pourtant, il tenait tant à ce cahier qu'il avait pris la précaution d'y inscrire l'avis suivant :

« *AVIS*. Ce portefeuille ne peut être utile qu'au soussigné ; en le lui rapportant rue Royale, n° 10, au Marais, on recevra cinq francs.

« **LAKANAL**
« Doyen de l'Institut de France. »

« Parmi les notes, que renferme ce manuscrit, il en est de caractéristiques.

« Voici mon immuable ligne de conduite, écrit Lakanal, *immutabilis agendi modus* :

« Inveni requiem. Spes et fortuna, valete !
« Nil mihi vobiscum est ; ludite nunc alios ! »

« Et, en tête du bordereau des sommes payées en numéraire sur ses ordonnances dans le cours des diverses missions qu'il avait remplies avec des pouvoirs illimités, bordereau qui s'élève à la somme de 1,569,000 fr. : « J'ai encore les « copies de tous les comptes revêtus de ma « formule : *Ab indè recessit quietus.* »

XII

Sur sa tombe, MM. de Rémusat, Blanqui, Lélut, ses collègues et amis de l'Institut, et Carnot, député, célébrèrent ses vertus.

« Invariablement fidèle aux pensées et aux souvenirs de sa jeunesse, dit M. de Rémusat, son inflexible esprit avait résisté à toutes les épreuves. Son passé se lisait en quelque sorte sur son front sévère. Mais sa vieillesse était sereine. Il aima, jusqu'à son dernier jour, son pays, ses amis, les lettres, et quand le terme est venu, il a vu la mort sans crainte et sans regret. »

Carnot. — « Lakanal disait encore, il y a deux jours, qu'il ne ferait pas autrement s'il avait à recommencer. J'ai vu mourir plusieurs de ses compagnons de révolution ; tous ont tenu le même langage, avec le même calme et la même confiance dans le jugement du pays qu'ils savaient avoir bien servi. »

Lélut. — « La maladie l'a emporté sans le vaincre, sans ôter rien à la netteté de ses idées, à la persistance de ses opinions, à la force de sa volonté. Il s'éteignit comme un sage et un juste, sans secousses, sans violence, sans agonie, sans douleur. »

Blanqui. — « Ce qui distingua surtout Lakanal, c'est le désintéressement et la fermeté stoïque du caractère. L'histoire en gardera sans doute quelques traits hors ligne. Qu'il nous suffise de dire qu'avant de mourir, repassant sa vie tout entière, il n'en désavouait aucun acte. Sa pauvreté répondait pour lui ; car Lakanal est mort pauvre, messieurs, pauvre de cette pauvreté qui eût effrayé une âme moins fière que la sienne, et qui serait inexplicable, chez un homme d'une vie si simple, si austère, si bien ordonnée, sans la connaissance de ses malheurs, de ses vingt ans d'exil. Adieu donc, Lakanal ! homme simple et doux, citoyen intègre, noble et ferme caractère ; adieu ! On ne pleure pas des hommes tels que toi : on les admire, et on tâche de les imiter. »

Que pourrions-nous ajouter à des paroles tombées de si haut et dans des circonstances où la gravité de la mort ajoute sa consécration souveraine au langage de la vérité ? — Rien.

Parvenus à la fin de ce travail, où nous n'avons été d'ailleurs que l'humble manouvrier qui rapproche des pierres isolées pour un monument littéraire qu'il appartient à d'autres plus autorisés et plus dignes de construire, nous nous permettrons simplement de reproduire ce vœu de M. Emile Darnaud :

« Ariégeois, chers concitoyens, le moment

n'est-il pas venu de nous cotiser afin de doter le chef-lieu de notre département d'un monument qui fasse savoir aux générations futures que l'Ariége est la patrie de Lakanal ? »

Ariégeois, dirons-nous à notre tour, pendant que les autres contrées de notre France, animées d'un légitime orgueil, font revivre sur leurs places publiques, à l'aide du marbre et du bronze, les hommes qui les ont illustrés, les grandes places, les belles avenues de nos villes restent vides. Pas une statue, pas un buste, pas même une plaque commémorative n'indiquent au passant, à l'étranger, à nos enfants, que, sur le sol de notre Ariége, sont nés le grand philosophe Bayle précurseur de Voltaire, l'astronome Vidal, le médecin-philosophe Roussel, le romancier-dramaturge Frédéric Soulié !.. Ariégeois le plus méritant de tous, au point de vue politique et social, celui qui a tant contribué à nous affranchir des privilèges féodaux et de l'absolutisme monarchique et à nous assurer la libre possession de notre champ, de notre corps, de notre esprit, celui dont nous venons de parcourir la vie et l'œuvre, *Joseph Lakanal* enfin, attend que nous nous souvenions. Sa tête magnifique, sa tête de penseur et de sage, ravie à l'oubli par le ciseau de son admirateur et ami David (d'Angers), est là, vivante, à l'Institut ; vivante de cette vie immortelle qu'a communiquée à tous ses marbres le génie du grand sculpteur républicain.

La reproduire sera facile à l'artiste que notre reconnaissance aura désigné pour élever le monument civique que nous voudrions voir sortir d'une souscription départementale, où à l'offrande du riche se joindrait l'obole du pauvre, dont Lakanal fut, toute sa vie, le protecteur, le frère, l'ami.

FIN.

UNE VISITE

A LA

VEUVE DU CONVENTIONNEL LAKANAL

Ayant appris qu'il existait à Paris, rue de l'Epée de bois, un petit-neveu de Lakanal, qui conservait, au sein d'une existence laborieuse et digne, les traditions et le culte de l'illustre conventionnel, nous nous sommes présenté chez lui. Nous avons été reçu par un homme d'une soixantaine d'années, à la figure grave et énergique qui, à la seule indication de notre qualité d'Ariégeois et d'admirateur de son grand-oncle, nous a fait l'accueil le plus empressé.

— Je suis né dans l'Ariége aussi, nous a-t-il dit ; je me suis fixé à Paris depuis longtemps. J'y suis venu une première fois, en 1842, pour voir mon oncle Joseph, rentré, depuis quelque temps, de son exil d'Amérique. Vous vous êtes demandé peut-être pourquoi mon nom s'écrit Lacanal , alors que mon oncle signait le sien *Lakanal?* En voici l'explication : Mon oncle Joseph avait trois frères : *Jean-Baptiste Lacanal*, l'aîné de la famille, avocat-jurisconsulte et procureur du roi à Paris, lorsque la Révolution éclata. Se comparant à lui, l'oncle Joseph disait qu'il n'était qu'un roitelet auprès d'un aigle. — *Jérôme Lacanal*, professeur de physique expérimentale à Paris, intelligence également fort remarquable. — Enfin, *Jean Lacanal*, chirurgien à Serres, mon grand-père, « tous les trois plus royalistes que le roi », selon l'expression de l'oncle Joseph, qui, pour ce motif, avait tenu à marquer, dans son nom même, la différence de ses opinions avec celles de ses frères; ce qui lui avait beaucoup coûté.

Notre première entrevue fut ce qu'elle devait être de la part d'un cœur qui, je le savais, avait saigné de cette rupture de famille. Entre autres choses, il me demanda :

— Quelle est actuellement l'opinion politique dans l'Ariége?

— Je ne saurais vous le dire, mon oncle; je suis trop jeune, je ne me suis pas encore occupé de ces questions.

— Et votre père, lui, qu'est-il ?

— Il a été fait, en 1830, maire de notre village; il était alors Philippiste libéral; mais, depuis, il a bien changé.

— Ce n'est pas votre père qui a changé, c'est Louis-Philippe.

Puis, à la suite d'un silence où il s'était

absorbé dans ses pensées, il me dit, en me considérant au fond des yeux :

— Mon ami, puisque vous n'avez pas encore été touché par la politique, écoutez ces simples paroles, et, quand l'heure sera venue, faites-en, si vous voulez, la règle de votre conduite : Moi, je suis né républicain et je le mourrrai. Ce que je désire pour la France, c'est une République ordonnée et régie par de bonnes lois. La France reviendra à la République ; ou plutôt la République reviendra à la France ; elle y revient. Oui, elle est en marche vers nous. Elle est encore loin pourtant. Heureusement ! car si elle était restaurée en ce moment, je ne connais pas deux hommes assez désintéressés et assez capables pour la bien diriger. Il n'importe ! elle revient à grands pas comme un exilé qui veut revoir, coûte que coûte, son pays. Cependant, moi, je ne la verrai point !... Vous, vous la verrez. Mais elle ne sera pas de longue durée ; elle sera escamotée comme la première fois, et la France courbera encore la tête sous un sabre. Enfin, la République reviendra encore, pour s'installer définitivement sur notre sol, car elle y est née, et elle y a poussé des racines trop profondes pour qu'il soit possible à la main de l'homme de les extirper.

A ces paroles, comme nous regardions M. Lacanal avec une certaine expression de surprise.

— Je vous comprends, reprit-il, la prédiction

est si formelle et les événements sont venus si ponctuellement la confirmer, que vous doutez peut-être de l'exactitude de mes souvenirs. Eh bien ! Monsieur, ces paroles, qui m'ont tant frappé à l'arrivée de chacun de ces événements, il me semble que je les entends encore, prononcées de la voix forte, ferme et grave, qui était la voix de mon oncle. Puis, comme, dans le cours de sa conversation, j'apprenais qu'il travaillait régulièrement tous les jours jusqu'à une et deux heures du matin, et que je lui exprimais mes craintes pour sa santé, car il marchait vers la quatre-vingtième année :

— Je ne suis pas rentré en France pour casser des œufs et planter des choux, mais pour travailler, me dit-il sévèrement (1).

Ah ! poursuivit M. Lacanal, même à 80 ans, c'était un rude homme que mon oncle, alerte, gaillard, vert, jeune, avec une seule dent en moins, arrachée depuis sa rentrée d'Amérique, et pas un seul cheveu blanc, comme vous verrez chez

(1) Lakanal n'aimait pas qu'on put croire que l'âge et l'exil avaient dû affaiblir ses forces. Nous tenons de M. Louis Combes, le publiciste distingué, actuellement membre du Conseil municipal de Paris, que, dans une lettre, datée de la Nouvelle-Orléans, lettre qui faisait partie d'une collection de célèbres autographes vendus à l'hôtel Drouot, Lakanal s'écriait, avec une sorte de fierté impatiente : « Moi, vieux ? Sachez, Monsieur, que Daubenton m'a prédit que je mourrai momifié ! »

Il ne mourut pas momifié, comme on l'a vu par le récit M. Mignet, parceque une affection accidentelle (un refroidissement) le surprit au milieu de ses travaux, un soir qu'il traversa t la Seine, rentrant de l'Institut ; mais on peut dire qu'il mourut comme Marc-Aurèle, debout dans la force de son esprit et de son âme stoïques, cherchant du regard à travers les horizons infinis de sa pensée le mot de la grande énigme.

sa veuve... — Comment, sa femme... Mme Lakanal vit encore? — Ici, à Paris, rue Monge; je vous conduirai chez elle; vous y verrez un portrait très-fidèle de mon oncle.

Le lendemain, sur les 3 heures, M. Lacanal nous conduisait rue Monge, et il nous était donné de saluer la veuve du grand homme.

Mme Lakanal a 72 ans. Sa taille est haute, un peu ployée par l'âge, et aussi par un travail trop longtemps continué, car nous ne tardions pas à apprendre que, hier encore, pour vivre à Paris, au milieu des souvenirs de son mari et auprès de son tombeau, elle se trouvait dans la nécessité de joindre le fruit d'un travail d'aiguille opiniâtre (un travail d'aiguille à 72 ans) à la modeste pension (1) que lui a accordée l'Etat à la mort de Lakanal, mort pauvre, comme l'on sait. Sa figure, aux traits énergiquement accentués, a dû être belle dans le temps; l'âge y a répandu sa gravité sculpturale, sans en effacer pourtant ce quelque chose de ferme, de vif, qui est encore la vigueur de la nature entretenue par le mouvement, l'activité régulière et journalière de la vie. Cette vigueur se révèle

(1) Pension de 1200 fr. qui en 1857 a été réduite, sous le ministère Rouland, à 800 fr., et n'a été rétablie à son chiffre primitif qu'en 1867, sous le ministère Duruy. — Mme Lakanal a donc perdu de ce fait 4,000 fr. — L'Etat lui doit en conséquence une compensation tout au moins. La République tiendra à honneur de réparer une injustice de cette nature, d'autant plus basse et d'autant plus odieuse qu'elle frappe encore par ses conséquences une femme septuagénaire. Et quelle femme! celle d'un homme que Michelet, dans une lettre que l'on lira plus loin, a appelé *un des fondateurs de la liberté*.

surtout par la voix qui est nette et fortement timbrée. Ses manières sont gravement contenues, avec une impression de défiante réserve au premier abord; elles ne tardent cependant pas à se détendre dans une bonne et douce confiance. C'est ainsi qu'elle nous a admis à pénétrer dans son intérieur, où elle a reconstitué, de ses mains pieuses, toutes choses dans l'état où elles se trouvaient rue Royale au Marais, quand la mort vint frapper son mari.

Mme Lakanal a commencé par montrer celles des reliques qui sont le plus précieuses à ses yeux et à son cœur : des boucles de cheveux parfaitement noirs, prises au lit de mort par ses mains tremblantes sur le front de son mari, ses lunettes à monture d'or, polies et usées par le travail ; sa tabatière de laque noire, ronde et plate, encore à demi-pleine, telle qu'elle était quand la mort surprit le beau vieillard et lui glaça la main ; son épée de membre de l'Institut, à lame et poignée d'acier, fine, ferme, polie, brillante d'un éclat sévère, image de l'âme de l'illustre fondateur de ce grand corps ; la dent (il n'est pas de détail banal, se rapportant à un tel homme) dont nous avait parlé M. Lacanal, forte et solide sur sa racine, à l'ivoire dur et brillant, à peine percé, comme par une aiguille, en un point ; son écritoire de poche, fixée dans un étui en cuir poli par l'usage et noirci par le temps, avec la plume d'oie coupée en tronçon et dont le bec, inactif depuis

45 ans, est racorni. « C'était son écritoire de collége, de la Convention, d'Amérique, de l'Institut, de partout, nous dit Mme Lakanal; il n'a jamais voulu que celle-là ; aussi j'y tiens plus qu'à mes yeux ! » Elle se détourna pour dérober une larme.

« Voici son lit », poursuivit-elle, en poussant une porte et en nous invitant à entrer dans une chambre où un filet de lumière pénétrait à peine par les interstices des volets... « personne n'y a couché depuis, il est pour moi comme un tombeau ! »

Et, de fait, avec ses grands rideaux blancs qui l'enveloppent comme d'un voile et qu'une couronne dorée retient en guise de baldaquin, avec sa couverture également blanche et dont les bords touchent le sol, on éprouve à sa vue l'impression particulière que donne l'aspect d'un mausolée.

« Cette clef, ajouta-t-elle, est celle du jardin des plantes, que ces messieurs lui envoyèrent dans l'exil avec la dédicace gravée en relief... Voilà son portrait ! » — Ici Mme Lakanal eut un geste à la fois d'orgueil et de douleur. — « Regardez sa tête, ses cheveux noirs ; il avait 78 ans pourtant ; il est très-ressemblant. C'est Mlle Berriat Saint-Prix qui l'a peint, la sœur de M. Berriat Saint-Prix, le professeur-jurisconsulte, un excellent homme de l'ancien régime, un peu original peut-être sous sa perruque, ses bas de soie et sa culotte courte, mais libéral, juste, généreux ; un des meilleurs amis de M. Lakanal, son témoin, avec M. Lélut, à notre mariage. M. Berriat était toujours émerveillé et quelque peu anxieux de l'entrain juvénile de M. Lakanal. Il me revient même un joli mot de lui à ce sujet. C'était un jour que nous montions, tous trois, M. Berriat, M. Lakanal et moi, à la colonne de la Bastille. M. Berriat, d'une forte corpulence, un peu obèse, et toujours avec sa queue, sa culotte courte et ses bas de soie, montait lentement, en se reposant de temps en temps sur son grand portefeuille posé sur une marche ; il avait d'ailleurs dans les soixante-dix-ans. M. Lakanal, lui, gravissait hardiment, sans arrêt, le rapide escalier. « Madame, me dit, en soufflant, M. Berriat, à moitié de l'ascension, c'est assez pour nous ; laissons partir ce jeune homme. » Le jeune homme avait 80 ans ; il ne s'arrêta qu'aux pieds du génie de la Liberté. M. Lakanal affectionnait particulièrement la colonne de la Bastille : Vous comprenez, il était né le 14 Juillet, et puis il avait été lui-même un des combattants de la Bastille ; aucun de ses biographes ne l'a su ; pourtant il y était ; et il s'en est fallu de peu qu'il ne fût exécuté dans la cour par la première fusillade des Suisses. Tel il était alors, tel il était à 80 ans, frais, alerte, jeune, fort ! Vous savez qu'à sa rentrée d'Amérique, à sa première séance à l'Institut, on lui demanda le récit de ses épreuves d'exil, de ses impressions sur l'Amérique, et qu'il parla pendant deux heures, dans le silence général, sans que sa voix faiblit un instant. C'est MM. Lélut et Geoffroy-St-Hilaire qui m'ont appris ce détail. M. Berriat ne se trompait pas, c'était un jeune homme ; oui, Monsieur, un jeune homme !... Mais ce n'est pas pour entendre ces choses que vous êtes venu ici ; c'est pour voir ses manuscrits ; je vais vous les chercher, avec tous les autres papiers qui sont rangés dans un tiroir. Puisque c'est pour lui élever un monument dans son pays, je veux vous tout montrer. Je le puis bien maintenant, je pense ? — Vous le pouvez sans crainte. Je ne retiendrai d'ailleurs et ne prendrai de vos communications que ce que vous voudrez.

Pendant que Madame Lakanal était sortie, nous étions restés, avec M. Lacanal, devant le portrait, à contempler la belle et noble image.

Lakanal y est représenté en costume de membre de l'Institut du temps du Directoire : col montant, large, rabattu, grands revers flottant librement, amplement, gilet droit, boutonné à demi, le tout parsemé de broderies en branches de lauriers. Un large bouton, espèce de médaillon, étoile la chemise. Une cravate à triple tour supporte sur ses étages la tête qui s'emboite solidement dans les pointes d'un col droit.

Cette tête est réellement belle ! elle nous a remis en mémoire l'exclamation de Pascal Duprat au cercle de Neuilly : « Lakanal ! c'était une bien belle tête ! Je l'ai connu dans ma jeunesse ! » Elle est posée de trois-quarts, regardant tout droit, devant elle, avec une énergie singulière qui appelle l'examen. La bouche est ferme et nette, le nez droit, correct, avec des narines dilatées et comme mouvantes sous la force de la sensibilité et de la vie ; les yeux sont grands, d'une animation incomparable dans leur fixité énergique. Entre les sourcils, épais et puissamment arqués, deux rides, les seules qui apparaissent sur le visage ! deux rides, en travers, comme deux entailles, deux sillons tracés là par la réflexion constante, par la pensée toujours tendue. La pensée ! on ne voit que cela sur cette mâle figure, peinte à 78 ans, et qui accuse à peine dix lustres ; elle contracte la bouche prête à s'ouvrir pour la grave et courageuse parole, elle soulève et hérisse le sourcil, elle passe dans la chevelure abondante et vigoureusement plantée aux tempes, tout autour de la tête qu'elle encadre noblement ; elle pétille dans le regard ; elle éclate sur le front largement ouvert, vaste, rayonnant sous les viriles résolutions.

Volontiers, on se demande quel sentiment le peintre a voulu fixer sur la toile ; ou plutôt, quel sentiment, quelle pensée, quel mouvement du cœur et de l'âme, quel souvenir traversaient en ce moment l'esprit de Lakanal. Avons-nous devant les yeux le commissaire de la Convention, trois fois délégué pour répandre l'idée révolutionnaire et organiser la victoire, dans le Midi, dans l'Est, dans le Nord ? Sommes-nous en présence de l'infatigable et courageux rapporteur du Comité de l'Instruction publique, défendant, au péril de sa vie, les œuvres et les personnes des grands savants ses collègues et amis ? Va-t-il dire à L... père, de Bergerac, qu'il a reçu la mission de le faire arrêter pour sa dénonciation calomnieuse, mais qu'il lui suffit, pour sa vengeance, des dangers que courent ses cinq enfants devant l'ennemi ? Songe-t-il aux membres de la Convention qui, après avoir, sur sa proposition, prêté serment de haine à la royauté, courent s'atteler au char de l'homme de Brumaire ; et va-t-il leur crier ce mot vengeur : « Polissons ! » Ordonne-t-il que l'on jette dans le Rhin les deux mille tonneaux de vin frelaté, afin que les eaux du fleuve indiquent aux habitants de Mayence et à l'armée ce qu'ils sont en droit d'attendre de la justice et de la vigilance du commissaire Lakanal ? Lance-t-il, en pleine tribune de l'Assemblée, à la jeunesse dorée du Directoire en quête de certificats d'exemption, la virulante apostrophe, l'intrépide menace que l'on sait ?

Nous lisons tout cela sur cette belle figure que nous saluons une dernière fois pour nous asseoir à la table que Mme Lakanal vient de charger de correspondances, de parchemins et de manuscrits.

Avidement, nous avons porté la main à ces manuscrits. Ces *Mémoires sur la Convention*, tant réclamés par Michelet, ces volumes de l'*Histoire d'Amérique*, ne sont-ils pas là ?

Procédons par ordre :

Plusieurs petits calepins, sorte de *vade-mecum* de poche, que le savant philosophe portait sur lui, et où il inscrivait, tantôt une pensée fugitive, tantôt une réflexion longuement méditée, tantôt un extrait de discours, de journal, de livre, et tantôt un mot recueilli dans la rue aux lèvres d'un passant. Nous ne copierons cependant de ces chers petits livres, recouverts d'un carton par le maître, et cousus par ses mains, (de longs points fixant, de-ci, de-là, les feuilles, l'indiquent suffisamment) que ce qui nous paraît le plus important ou le plus curieux.

PREMIER PETIT CALEPIN

—

Le général Bonaparte, premier consul de la République, au citoyen Lakanal, commissaire du gouvernement dans les quatre départements de la rive gauche du Rhin.

« Les services importants que vous avez rendus « à tant d'hommes distingués, vous mériteront « dans tous les temps des droits à l'estime des « hommes. Vous pouvez compter sur le désir « que j'ai de vous en donner des preuves, etc. »

(Cet extrait, imprimé, et qui paraît être extrait lui-même du *Moniteur* ou d'un journal du temps, est collé au verso de la couverture du manuscrit.)

***

« L'illustre et malheureux Bailly, idole d'une « famille qui ne voulut pas chagriner son en- « fance par de pénibles études, n'apprit pas le « latin. »

*
* *

Chambre des Députés

séance du Mai 1840.

Arago à la tribune. — « Il y a une assemblée qui a été nommée par l'universalité des cit yens. C'est la Convention ; elle a empêché l'étranger d'arriver à la capitale ; elle a eu, en partage, le courage, l'honneur et le patriotisme ; elle comptait dans son sein 14 évêques, 6 ministres protestants, 13 hommes de lettres, 22 médecins, 15 magistrats, et 39 avocats et notaires, Elle a fourni *11* sénateurs, *4* conseillers d'Etat, *90* magistrats, 15 employés supérieurs des finances et 13 membres de l'Institut. (1)

Vous voyez, comme dit Montesquieu, que le peuple est admirable dans ses choix. »

*
* *

Extrait du *Courrier des Etats-Unis*. — « Le titre de conventionnel, qui fut longtemps proscrit sera bientôt un titre de gloire. Le jour de la jus-

(1) Les chiffres italiques se trouvent barrés sur le manuscrit. Est-ce parceque Lakanal a voulu montrer par là son mépris et son indignation pour ces Conventionnels qui avaient, en ne partageant pas son dédain pour les presents de César, forfait à leur honneur et à leur serment de fidélité à la République.

tice (*) se lèvera pour ces hommes qui combattirent comme des lions du désert pour conquérir aux peuples des biens dont eux-mêmes ils ne devaient pas jouir. Hommes de bronze, titans de la démocratie qui l'ont portée aux sommets d'où elle domine l'Europe. »

(*) Je veux dire d'une justice complète.

(Ce renvoi indique que l'article du journal était de Lakanal).

*
* *

« Le langage des faits. — Les faits sont comme des chiffres ; ils n'ont pas d'opinion.

I. — La République a légué à l'Empire la France victorieuse.

II. — L'Empire, malgré sa gloire, a légué à la Restauration, la France vaincue.

III. — La Restauration a légué à la Révolution de Juillet, la France respectée ?

IV. — La Révolution de Juillet a légué au système actuel, la France redoutée.

Nous avons aujourd'hui la France dédaignée et abaissée.

Voilà le compte courant de notre honneur national.(1) »

*
* *

Dégénération. — Abatardissement des Français

« Terra malos homines nunc educat atque

(1) Il est permis de se demander si ces lignes, écrites après la rentrée de Lakanal en France, n'etaient pas les idées principales de quelque ouvrage également disparu.

pusillos ; ergo deus quicumque aspexit ridet et odit. » JUVENAL.

*
* *

Argent, Dieu du jour

—

« Crescit amor nummi quantum ipsa pecunia crescit. »

—

« Nescis quas habent veneres aliena pecunia. »

—

« Undè habeas quœrit nemo, sed oportet habere. »

—

« Quid enim solvis infamia nummis ! »

*
* *

« C'est le caractère qui manque aujourd'hui ; j'appelle de ce nom la disposition habituelle de notre âme.

« Nos sottises viennent de ce que notre âme n'est pas en équilibre avec notre caractère. Cicéron fut un grand orateur ; faute de caractère, il ne fut qu'un homme d'Etat ordinaire. Un homme sans caractère, c'est-à-dire dont l'âme n'a pas une disposition plus habituelle qu'une autre, est dangereux ; il est tour-à-tour honnête homme et pervers.

*
* *

« Après vingt ans d'exil, de retour dans Athènes
J'admire à chaque pas les prodiges des arts,
Des monuments nouveaux brillant de toutes parts,
Mais je voudrais voir Démosthènes. »

*
* *

« *Mon opinion sur les Girondins.*

« La députation de la Gironde se distinguait par ses talents, son urbanité, ses qualités sociales, si précieuses lorsque la France jouit des douceurs de la paix ; mais ces hommes estimables n'auraient pas sauvé la France dans l'état de crise où elle était, s'ils avaient eu le pouvoir en main. Ce n'était ni les talents oratoires ni les qualités sociales qu'il fallait opposer à un ennemi furieux. Rappelons le manifeste exterminateur du Duc de Brunswick. Il fallait opposer à un ennemi ivre de colère, le courage et l'audace ; et ces qualités se trouvaient éminemment réunies dans le parti opposé à la Gironde ; et la France n'a pas été envahie. Et remarquez que j'admets que les Girondins étaient des hommes de bien, sans ambition, ce que les papiers trouvés chez *Laporte* pourraient rendre contestable. Et si, à l'époque à laquelle nous nous rapportons, les émigrés étaient rentrés en armes en France, n'est-il pas démontré à tout homme impartial qu'elle aurait été changée en un vaste champ de mort.

« En résumé, en temps ordinaire, en temps de paix, je préférerais de beaucoup le parti de la Gironde à ses fougueux adversaires ; en santé chancelante, un régime régulier vaut mieux que les remèdes violents. »

L'importance particulièrement grave de cette opinon, écrite d'une main ferme sur le manuscrit, n'échappera pas à nos lecteurs, non plus que l'extrait suivant du même calepin, pris par Lakanal dans les *Douze journées de la Révolution* par Barthélemy, l'ex-membre du Directoire, arrêté au coup d'Etat du 18 Fructidor, déporté à Cayenne, comme réactionnaire ou tout au moins comme suspect de modérantisme, et dont le jugement ne saurait, en conséquence, être taxé d'exagération.

« *VIe Journée. — Page 197.*

« Louis XVI comparut à la barre et fut condamné à mort. Il était dans l'ordre que cette condamnation fut regardée comme un crime colossal par les hommes de Coblentz et de Worms ; par ces mêmes émigrés qui avaient dressé l'échafaud de leur roi. Mais l'histoire, qui n'attend aucune indemnité pour prix de ses pleurs et de ses expiations, l'histoire impartiale ne flétrira pas les 460 jurés qui votèrent la mort. Ce grand nombre de votants garantit la conscience de tous. Trois hommes assis sur une estrade, poussés par l'instinct du sang, peuvent faire tomber la tête d'un accusé avec une horrible passion ; mais on ne pourra jamais démontrer qu'il se soit rencontré 460 juges, élus de la France entière, parfaitement unis de cette communauté d'instincts sanguinaires. Cet appétit de tigre dans les entrailles de l'homme est un phénomène d'organisation qu'on peut supposer dans quelques rares individus et jamais dans les masses. Ces mesquins appréciateurs des grands événements, gens peu connaisseurs des hommes révolutionnaires et de leur époque, ont tout cru concilier en attribuant à *la peur* le vote du plus grand nombre... *La Peur* et *la Convention!* Jamais on n'associera ces deux mots. »

DEUXIÈME CALEPIN (1)

« Dimanche 22 septembre 1793.
(1er vendémiaire an II).

Réponse des représentants du peuple près les armées, à un trompette de l'armée ennemie :

— « La République française ne reçoit de ses ennemis et ne leur envoie que du plomb. » (Armée du Rhin. — Saint-Just et Le Bas).

***

« Déclaration de Siéyès. — Séance du 20 brumaire. — C'est comme plébéien député du peuple, et non comme prêtre (je ne l'étais plus), que j'ai été appelé à l'Assemblée nationale, et il ne me souvient plus d'avoir un autre caractère que celui de député du peuple. »

***

(1) Ce manuscrit est comme le résumé de l'ordre du jour de séances de la Convention : il contient des indications et des discussions que, nous ne savons pourquoi, on ne trouve pas dans l'édition du MONITEUR de la bibliothèque du ministère de l'Intérieur.

« Séance du 12 frimaire an II. — Deux décrets m'ordonnent, le premier d'établir une manufacture d'armes à Bergerac ; le second d'organiser l'armée de l'Ouest ; je demande auquel des deux je dois obéir. »

Voici la lettre qu'il adressa à ce sujet à la Convention, et qui se trouve sur une feuille volante, cousue à la fin du manuscrit :

« Lakanal, représentant du peuple, délégué par la Convention nationale dans les départements de la Dordogne, Bec-d'Ambèz, Lot, Lot-et-Garonne, au Président de la Convention nationale.

« Un décret du 24 Brumaire m'ordonne de suivre, à Bergerac, l'établissement d'une manufacture d'armes. Un autre du 27 du même mois m'enjoint d'aller à l'armée de l'Ouest m'occuper de son organisation. J'espérais donner, en peu de mois, à la patrie, une ressource considérable en armes. Déjà le local, les usines nécessaires étaient achetés ; le premier mouvement était donné aux travaux, et je me promettais de créer facilement cette manufacture, sans qu'il en coûtât un sou au trésor public, ni un murmure à la justice, quand tout à coup ma destination change et paralyse mes projets. Je ne sais à quel décret obéir. Tous deux, sacrés pour moi, me sont parvenus officiellement ; tous deux m'imposent des obligations que je suis également jaloux de remplir, mais que je ne puis concilier. Cependant le terme approche, sans qu'il me paraisse possible de me décider. Citoyen Président, prie la Convention de prononcer sur mon incertitude, et je pars ou je reste, au gré de sa volonté. »

« Sur la motion d'un membre, la Convention décrète que le Représentant du peuple Lakanal restera, jusqu'à nouvel ordre, à Bergerac pour y surveiller les opérations relatives à la nouvelle manufacture d'armes dont l'établissement a été décrété le 24 Brumaire. »

De nos jours, une pareille lettre serait arrivée *aux bureaux* du Ministère de la guerre qui auraient répondu sommairement à peu près par ces mots : « Le décret du 27 Brumaire, étant postérieur en date à celui du 24 du même mois, abroge virtuellement ce dernier. Votre lettre n'a d'autre résultat que d'apporter un retard fâcheux à l'exécution d'ordres dont vous auriez pu deviner l'extrême gravité et l'extrême urgence. Je vous engage en conséquence à partir sans autre retard pour l'armée de l'Ouest où vous trouverez les instructions que comporte la nouvelle mission qui vous est confiée, etc.. »

La Convention — cette Assemblée « qui ne dormit pas » — répondait comme on vient de voir, laissant à ses représentants toute initiative, mais en même temps toute responsabilité.

Aussi, voici ce qui arrivait : (autre feuille du même manuscrit.)

« Séance du 22 Messidor.

Une députation de la commune de Bergerac,

Département de la Dordogne est admise à la barre.

Blanc orateur : — Citoyens représentants, Lakanal m'a chargé de vous apporter des fusils, les premiers qui ont été faits à Bergerac, avec le plan des usines. Ces deux mois, Lakanal a créé cette manufacture, formé des ouvriers en tout genre, et la fabrication est portée en ce moment à 15000 fusils par an. Si Lakanal reste parmi nous, comme vous le demande le département de la Dordogne, elle sera portée à 20000.

Lakanal a fait nos chemins, terminé nos procés, secouru l'indigent ; en un mot, Lakanal est vous-mêmes. Il fait aimer la Révolution et remplit les intentions bienfaisantes de la Convention nationale.

Le Président. — La Convention nationale apprend avec satisfaction combien le zèle des citoyens du département de la Dordogne, particulièrement de la commune de Bergerac, a secondé les vues du représentant du peuple Lakanal, pour la confection des armes destinées à être remises aux mains des braves. »

Qu'on s'étonne aprés cela que la Convention ait levé et équipé en quelques mois 12 armées et qu'avec ces *conscrits de 93*, elle ait vaincu l'Europe !

Conclusion des efforts de Lakanal dans la Dordogne : Nous la trouvons dans le même manuscrit.

« Séance du 7 Nivose An II.

Lakanal. — La ville de Bergerac possède, en ce moment, un dépôt de deux mille chevaux et d'un grand nombre d'armes et objets d'équipement. C'est par mes soins que le dépôt est formé. Ne voulant pas abuser des moments précieux de la Convention, je présenterai au comité de la guerre le rapport de mes opérations dans le cours de la mission dont vous m'avez chargé. Je rendrai un hommage public au dévouement patriotique des habitans de Bergerac. Je les ai vus se disputer l'honneur de faire des sacrifices à la patrie. J'ai vu les ouvriers refuser constamment leur salaire. La Révolution est véritablement faite dans les cœurs à Bergerac. Si cette commune ne fait pas beaucoup de bruit, elle fait beaucoup de bien ; elle mérite de la patrie.

La mention honorable, l'insertion au bulletin sont décrétées. »

Ce même manuscrit contient les indications suivantes qui ajoutent une note énergique et caractéristique aux réflexions que nous avons faites à la page de notre notice sur le serment de *haine à la royauté*, prêté et écrit, sur la proposition de Lakanal, par tous les députés de la Convention, lors du vote de la Constitution de l'an III.

« Serment de haine à la royauté (écrit, signé).

« Lacépède (1) le prête à la barre.

« Polissons !!!

« Boissy d'Anglas a dit dans son rapport sur la Constitution : *Le royalisme impur*.— Même expression de Bodin de l'Indre. »

*
* *

« Quand on a bu longtemps dans la coupe de la puissance, on a bien de la peine à rentrer dans la classe des citoyens. »

*
* *

Séance du 17 thermidor.

« Fréron, membre d'une Convention nationale, « après la Saint-Barthélémy, aurait demandé « la destruction du Louvre. »

*
* *

« Daunou se trompe, il prétend qu'on peut « faire des visites domiciliaires la nuit. »

*
* *

Et à la dernière page, sur un tout petit carré de papier cousu aux autres feuilles, ces réflexions extraites du *Moniteur universel*, qui nous apparaissent comme le jugement de la conduite du grand homme ratifié par sa propre conscience.

« *Homme éminemment de bien, mais qui « recevait souvent de profondes blessures de « ce qui semblait ne pas devoir l'effleurer.* »

« *Après, et au dessous des hommes qui ont*

(1) Fait sénateur par l'empire et Grand-Chancelier de la Légion d'Honneur.

« *illustré les lettres par leurs ouvrages, il est* « *juste de placer ceux qui les ont défendues* « *avec courage et en bravant les dangers dans* « *des temps de deuil pour elles.* »

*
* *

Un troisième petit calepin portant pour titre : *Lingua Ciceroniana*, est un recueil d'expressions latines suivies de leur traduction, quelquefois sobrement correcte, d'autre fois énergiquement libre. Exemples : *plagis, ictibus aliquem contundere*, rosser quelqu'un. — *Cum timet, abjectissimus*, dans la crainte, c'est le plus rampant des hommes. — *Fortiter*, en homme de cœur ; *ignavè*, en lâche ; *muliebriter*, en femme, etc...

*
* *

Un quatrième petit calepin, intitulé *Spicilège*, abonde en réflexions littéraires et historiques de toute sorte. Nous en détachons celles-ci :

— « Pére Ardouin prétend que l'Enéïde est l'ouvrage d'un Bénédictin du XIIIe siècle ! »

— « Olivier, bénédictin anglais, ayant attaché des ailes à ses bras et à ses jambes, s'élança du haut d'une tour et se fracassa. »

— « Mongez, dans un mémoire, Lalande, dans une lettre au *Journal des Savants*, ont prouvé l'impossibilité du succés, qui serait peut-être un nouveau fléau pour l'humanité. »

— « *Paradis, enfer*, Moïse n'en parle pas. »

— « Pape peut errer en matière de foi (aveu d'Adrien VI.) »

— « Timoléon assassine son frère qui ne veut pas rendre la liberté à sa patrie. » etc...

*
* *

Mais, passons aux gros manuscrits ; là sont peut-être les œuvres et mémoires sur la Convention et sur l'Amérique, tant demandés.

1er manuscrit : *Tableau analytique des connaissances humaines jusqu'au XIXe siècle.* (2 volumes).

2e manuscrit : *Erudition universelle.*

3e id. *Discours latin.*

4e id. *Economie politique.*

5e id. *Botané* (cours de botanique et de matière médicale), avec cet épigraphe :

En France, on voit de tout côté
L'enseignement plus méthodique ;
Par respect pour l'humanité,
On pratique la Botanique.
Nos villageois à la cité
Apportent des plantes propices ;
Mais en y portant la santé,
Qu'ils n'en rapportent pas les vices,

6e Manuscrit. — *Les droits de l'homme.* Nous l'avons parcouru avec une attention particulière. L'auteur y développe, sous forme de discours, plusieurs articles de la fameuse *déclaration des Droits de l'homme* ; il y traite en outre, toujours sous la même forme, différentes questions dont les titres seuls suffiront à montrer l'intérêt, surtout si l'on se reporte à l'époque (1789-93) où ces pages ont été écrites. Ces titres sont : *Discours sur l'éducation nationale. — Fête du 30 pluviôse, Souveraineté du Peuple. — Société patriotique de Moulins (1). — Sur les assignats.*

Nous ne ferons pas d'extraits de ces différentes questions, traitées avec la flamme et la vigueur des premières heures solennelles de la Révolution ; nous les reproduirons un jour prochain, à part, dans un livre, (avec l'autorisation que nous en a donnée déjà Madame Lakanal). Et nous ferons cette publication à la gloire de Lakanal et au profit de sa veuve.

— C'est là tout ? Vous n'avez pas d'autre manuscrit ? Avons-nous demandé, avec un sentiment de déception et d'inquiétude.

— C'est tout ; je n'ai plus rien.

Il est permis à un pauvre petit mineur qui a cru voir un instant luire, dans les ténèbres d'une carrière, un diamant dont sa bêche a entamé la gangue, d'oublier qu'il peut être indiscret.

— Mais, avons-nous objecté, M. Lakanal a laissé des manuscrits sur la Révolution ; des mémoires entiers ; ne les auriez-vous pas encore? Vous ne courez, à présent, aucun danger ; vous

(1) Cette partie contient, en outre d'un très-beau discours d'ouverture, les statuts de la société. Une note, dans le courant de l'œuvre, indique que ces statuts avaient déjà servi à la constitution d'une société semblable à Pamiers, affiliée à la société des jacobins de Paris.

pouvez bannir les craintes qui auraient pu, en d'autres temps...

— Oh! je sais ce qu'on a dit, ce que M. Michelet a dit et écrit à ce sujet; mais, je vous le répète, tout est là; et j'ajoute qu'il n'y a que deux personnes à qui j'ai confié les manuscrits laissés après sa mort par M. Lakanal: M***, et vous, qui pouvez en disposer comme vous l'entendrez pour les besoins du monument que son pays se propose d'élever à sa mémoire.

— Vous avez eu sans doute, vers 1845, la visite de Michelet?

— Il est venu trois fois, l'excellent homme; je n'ai pu le recevoir... *On me l'avait défendu!...* Que voulez-vous! j'étais toute seule, dans le dénûment, dans le désespoir! pouvais-je savoir, moi!...

— Je vous demande pardon d'une telle insistance, madame; mais il s'agit d'un grand intérêt, dont l'histoire peut-être, dont l'ombre de Michelet tout au moins, de Michelet que vous paraissez regretter de n'avoir pu recevoir, vous sauront gré... Vous rappelez-vous d'avoir eu, à la mort de votre mari, d'autres manuscrits que ceux-là?

— Je ne me le rappelle pas, mais je crois qu'il n'y en avait pas d'autres; et ma pensée a toujours été que c'est chez quelque éditeur que ceux dont on a parlé auront été achetés ou dérobés. Tout cela, au fond, a été un grand malheur!

Ah ! que je regrette de n'avoir pu recevoir M. Michelet qui m'avait écrit une si bonne lettre que vous trouverez dans un de ces recueils.

Voici cette lettre du grand historien, écrite de cette grosse et nerveuse écriture que les amateurs d'autographes connaissent bien :

« Thernes, rue Villiers, 43.

(Pas de date... 1845 sans doute.)

« Madame ,

« J'apprends que Monsieur votre mari, mon « regretté collégue, a laissé des notes ou des mé- « moires. J'écris, en ce moment, l'histoire de « la Convention ; je suis obligé de me former « une opinion sur les hommes de cette époque « et de juger.

« Je serais fort reconnaissant des communi- « cations que vous croiriez pouvoir me faire, « et je n'en userais que dans la mesure que « vous me prescririez vous-même.

« Je vous présente mes hommages respec- « tueux.

« J. Michelet.

« Membre de l'Institut, professeur au collége de France.

« Les quatre volumes de mon livre, déjà « publiés, ont fait assez connaître quels étaient « mes principes et mon attachement à la grande « mémoire des fondateurs de la liberté. »

— Ah ! oui, s'est écriée encore Mme Lakanal, c'est un malheur que tout cela ! J'ai bien regret que M. Michelet soit mort !... Tenez, je veux bien tout vous dire : lorsqu'il a appris que les manuscrits, tous les papiers de M. Lakanal avaient été communiqués à M. X..., il a dit : « Je ne comprends pas qu'on ait confié les papiers d'un républicain à des mains royalistes. »

Dans le même recueil, nous avons trouvé plusieurs lettres d'hommes marquants de 1840 ; quelques-unes sont de ces soi-disant libéraux de cette époque, hommes de peu de consistance dans leurs vues politiques, ni chair ni poisson, républicains mâtinés de royalisme. Ces lettres sont généralement pimpantes, flatteuses, pointues, bourgeoisement régence, talons rouges, avec des ferrures auvergnates parfois, comme celles de Dupin, alors le grand avocat opposant, républicain d'allures, qui depuis... Laissons les noms de ces hommes, personnages d'un jour, à la lourde pierre qui, là-haut, dans le champ où les vers font sur les cadavres l'égalité du néant, cache leurs ossements oubliés. Laissons-les à leur poussière, et passons à une noble et belle lettre, pleine des étincelles du génie et des transports d'un cœur généreux ; une lettre qui est comme la perle fine au milieu de perles fausses dans la montre d'un joaillier ; une lettre du grand savant Geoffroy-Saint-Hilaire, le plus ancien, le plus tendre, le plus digne ami de Lakanal. L'excellent homme se trouve dans la Normandie, retenu par un voyage scientifique. Sa fille vient de lui apprendre l'arrivée d'Amérique de Lakanal ; il prend sa plume, et de cette main hâtive qu'il semble que ses yeux se refusent déjà à guider, il trace les précieuses et belles lignes que voici (1) :

« Bernay, dimanche 16 septembre 1837.

« O jour heureux pour moi ! Vous êtes à « Paris ! honorable ami, vous qui fûtes mon « bienfaiteur à l'aurore de ma vie, vous m'êtes « enfin rendu dans l'hiver de mes ans !

« N'y a-t-il point un grand chanteur de can- « tiques, St-Siméon, qui, satisfait d'avoir fourni « aux conditions du banquet de la vie, se « mettait à crier sa joie et sa satisfaction ? Je « tranche aujourd'hui du St-Siméon ; et *sic* « *conviva satur !* Je viens dire au maître des « choses : Je puis enfin entrer dans ma der- « nière chemise de pierre, domicile que la mé- « chanceté des hommes ne refuse à personne, « mais que j'ai déjà acquis et fait construire « quelque part ; acquis à prix d'argent.

« Mais enfin, vous, mon respectable maître, « vous à Paris ! je dis avec joie et transport « du cœur : ego vidi *salutare meum.*

« Ma femme et ma fille étaient sorties, et « mon fils était au tribunal criminel comme « juré, quand vous êtes apparu en ce jardin, « que vous avez fondé au titre de *quatrième* « restaurateur. Vos co-associés dans ce bienfait « sont 1° Gui de Labrosse, 2° Fagon, 3° Buffon,

(1) Geoffroy-Saint-Hilaire, mort en 1844, un an avant Lakanal, devint aveugle dans ses vieux jours.

« 4°. . . . . 5° Cuvier (1), 6° Thiers, 7° etc. . . .

« J'ai un livre que je vous ai envoyé dans « votre Amérique, mais que le porteur aura « peut-être confisqué à son profit, que j'ai à « cœur d'aller vous porter à ma première vi- « site, et où je me suis fait un plaisir de célébrer « les Dieux du Muséum d'histoire naturelle.

« M. Lhotte, je l'en prie, aura fait parvenir « votre adresse chez moi à Paris, pour que, de « retour de la Normandie où je me trouve, je « puisse voler dans vos bras ! Quelque diligence « que je fasse, ce ne pourra être que vers la « fin de la semaine ; du moins, je suis sûr « d'être à ma soirée dominicale, dimanche, « d'aujourd'hui en 8. Et combien il me sera « précieux de vous pouvoir présenter à mes « amis, réunis ce jour.

« Dimanche dernier, m'a mandé ma fille, à « votre nom et à la nouvelle de votre arrivée, l'un « d'eux a battu des mains : C'est David, notre « grand sculpteur, notre confrère de l'Institut, « le petit gendre de Lareveillère-Lepaux. Il s'est « complu à faire son panthéon de grands hom-

(1) Le titre donné dans cette lettre à Cuvier témoigne de la générosité d'âme et de la grandeur de caractère de Geoffroy-Saint-Hilaire qui, au moment où il écrivait ces lignes, soutenait, au sein de l'Académie des sciences, contre les partisans de Cuvier (son élève, mort alors, mais qui avait été son brillant émule et rival de gloire), ce débat célèbre sur *l'unité de composition organique* entre les diverses espèces d'animaux, que Geoffroy-Saint-Hilaire prit pour base de sa *théorie des analogies*, débat qui partagea en deux camps le monde savant d'alors, et où la science cherche encore et trouvera toujours les sublimes et lumineuses empreintes du génie.

« mes, 300 médailles des belles illustrations « de son temps, et où il a à cœur de placer la « vôtre.

« On me tracasse à Paris, sous le vain pré- « texte d'honorer Cuvier, à cause des ossements « fossiles. Je voyage pour décrire ici un *cro-* « *codilien* du terrain oothique ; c'est un animal « qui vivait un milliard d'années avant Jésus- « Christ.

« En vérité, à mes soins et à mon dévouement « pour ce vieillard tout saturnien, je commence « à croire que je ne puis vivre, avec coudées « franches suffisantes, dans l'étendue du sys- « tème solaire : cela ne me suffit plus pour con- « tenter mes vues et recherches ; j'en sors in- « sensiblement pour me tenir dans d'autres « abîmes, que je nomme et traite à ma façon « sous le nom *d'espaces intra-stellaires.*

« Je me réserve de vous parler de mes es- « sences, inconnues jusqu'à moi, dans notre « monde Européen, et peut-être aussi dans le « monde américain que vous venez de quitter « en notre faveur.

« Que ne puis-je me dépêtrer du terrain ooli- « thique où je vais saluer mon crocodilien, né « un milliard d'années avant Jésus-Christ, et « re-né, il y a 2 ans, pour la satisfaction de votre « très-humble serviteur.

« J'ai à cœur de changer mes pensées sa- « turniennes pour une antiquité toute fraiche, « celle qui me rend, après 40 ans, le cœur d'un

« excellent ami, que j'ai hâte d'aller embrasser.
« Plus d'Océan entre nous !

« De cœur et d'âme à vous.

« GEOFFROY-SAINT-HILAIRE.

« Je me porte aujourd'hui de Bernay à Caen, « patrie du vieux crocodilien. »

Autre lettre du même, qui nous apprendra de quelles attaches s'était resserrée tout à coup, après 40 ans de séparation, l'amitié du vieux conventionnel et du vieux savant. Cette lettre va nous montrer, en même temps, un coin sacré de cette demeure hospitalière où les plus éminents représentants de la science, avec leurs vertus saines et discrètes, se donnaient rendez-vous.

« Mon excellent ami et confrère,

« Ce que je souhaitais vivement, c'est la « rencontre de ma famille avec vous et l'excel« lente impression qu'elle vient d'éprouver. J'en « rends grâces au sort ; les miens vous chérissent « et vous considérent presque à l'égal de moi.

« Je ne serai content que mon projet ne soit « exécuté, qu'il y ait une médaille en bronze « de mon bienfaiteur, exécutée par notre grand « David (1). Il en a le dessein, non moins que

(1) Comme l'on sait, David d'Angers devenu spontanément, au seul sentiment républicain dont vibrait son âme, l'ami de Lakanal, ne se contenta pas, cette fois, d'une simple médaille: le sujet était trop important, son cœur était trop grand, son âme trop haute, sa tête trop superbement rayonnante des éclairs et des éclats de foudre de 1793, il fit un buste; ce buste, nous l'avons dit, est à l'Institut, offert par Mme

« moi. Pour amener ce résultat, par de premiers engagements, j'avais arrangé les choses « pour que vous dîniez avec moi et lui. Cela « n'a pas pu réussir. Mon bon ami David est « dans sa ville natale, Angers, à cause des « élections. Il va nous revenir et, dès son arrivée, nous dînerons ensemble, sa petite jolie et « très-spirituelle femme, petite-fille de Lareveillère-Lepaux, étant de notre tablée.

« Vous verrez de braves gens, éclatants de « santé, et surtout recommandables par le sentiment pur, loyal et civique.

« Vous accepterez alors, et connaissant ma « famille, il n'y aura plus d'hésitation.

« De toutes façons, je place ici notre invitation « d'une manière générale : Nous avons soirée, « causerie, thé et réunion amicale, tous les dimanches, à partir de 8 heures du soir. Soyez « des nôtres, quand vous le pourrez ; rien ne « nous sera plus agréable.

« Salutations de vive gratitude et de tendres « amitiés.

« GEOFFROY-SAINT-HILAIRE.

« Paris, 16 novembre 1837. »

Le même paquet renferme des lettres empreintes d'un respect et d'une tendresse de disciple,

Lakanal. Sa reproduction servira bientôt (nous en avons l'assurance maintenant) de tête à la statue que nous tous, Ariégeois, allons ériger dans notre Ariége à notre grand compatriote, à l'exemple des habitans de Seine-et-Oise qui, par souscription, ont orné de la statue de Geoffroy-Saint-Hilaire une des places d'Etampes où l'illustre naturaliste est né.

d'Isidore Geoffroy-Saint-Hilaire, fils du précédent, et une lettre de David d'Angers à Mme Lakanal. Le grand sculpteur la prévient qu'il fera prendre chez elle le buste qu'elle a offert à l'institut, et qu'il en surveillera l'installation.

Un autre paquet comprend des lettres datées des Etats-Unis. Nous ne croyons pouvoir en reproduire que deux qui nous ont paru se rattacher, par un intérêt particulier, à notre travail. Lakanal est à la terre de la Tombegbee, occupé à y organiser, en colon, une exploitation agricole.

« Philadelphie, 6 janvier 1816.

« Mon sage et illustre maître,

« Vous ouvrez la carrière, et je vois avec ravissement que mes dignes compatriotes vous prennent pour la vigie salutaire qui leur sert de point de ralliement. Vous savez par notre ami, M. Parmentier, que toutes les apparences sont en faveur de notre établissement national. Moi, je sais que, s'il y a lieu, j'irai me réunir à vous personnellement, comme un respectueux ami.... Mon parti est pris, Monsieur et digne Français ; je veux sortir du bourbier des grandes cités où rien n'est à la mode que les préjugés et l'orgueil, et où la liberté et l'égalité civiles trouveraient bien vite leur tombeau, s'il ne se formait pas des colonies républicaines dans l'intérieur de la contrée. Je veux aller demander pardon à la nature de lui avoir dérobé quarante ans de mon existence et expier sur son sein maternel cette faute que je me reprocherai toujours.

« Vous me comblez de biens et d'éloges quand je n'envie que votre estime et votre approbation. Si j'écoutais votre bienveillante amitié, je me croirais autorisé à puiser également dans l'hypocrême et dans le pactole, quand une goutte de l'une et de l'autre de ces immortelles fontaines est tout ce qu'a le droit de prétendre mon humble et obscure médiocrité. Je ne renonce pas aussi facilement à votre inappréciable considération : je la veux et je l'aurai.

« Je remettrai cinq dollars, que vous m'avez donnés de trop, à M. Desportes, porteur de ma lettre ; mais, comme il est possible que vous ayez un autre emploi à faire de cette somme à Philadelphie, je la garde à vos ordres ou aux ordres de l'ami Parmentier.

« La correction, mon illustre maître, que vous avez donnée, à l'infâme Fouché, a fait plaisir à tous les honnêtes gens, c'est-à-dire à tous ses ennemis. J'en ai envoyé deux exemplaires en Belgique et un à M. Cobbet en Angleterre. Ce coup de fouet appliqué de loin sur une conscience déjà toute lacérée se sera, j'espère, fait sentir : il n'y a point de millions qui puissent cicatriser de pareilles blessures.

« Adieu, mon sage et illustre maître. Je m'incline devant vous,

« CHAUDRON. »

Deux réflexions viennent à l'esprit du lecteur attentif de cette lettre. La première, c'est l'attraction irrésistible qui entraînait vers Lakanal les âmes vertueuses et les cœurs généreux. La seconde réflexion, c'est qu'à côté de l'espèce de lyrisme qui perce dans quelques lignes de cette lettre, éclatent les vertus qui ont fait, dans l'espace d'un-demi siècle, de ce peuple Américain, le véritable conquérant de la terre et de la mer. Ces vertus sont : l'audace raisonnée, la volonté inébranlable, l'amour de la liberté et sa recherche là où elle réside principalement, dans la libre nature, la loyauté et la probité dans les questions d'argent, la haine implacable des hypocrites et des traîtres, qui, comme Fouché, sacrifient les principes, l'honneur, la conscience, à un vil intérêt, à d'égoïstes passions ; un souci égal et concordant des affaires publiques et des affaires privées, de l'intérêt individuel et de celui de l'Etat, c'est-à-dire la possession réelle de l'esprit démocratique, et enfin, la vénération pour la vertu et le talent.

La deuxième lettre est d'Henry Clay, le célèbre orateur, à l'époque, du parlement Américain.

« Washington, 20 mars 1817.

« Monsieur,

« Je n'ai pu répondre, pendant la session de la Chambre des Représentants, qui a été récemment ajournée, à la lettre que vous m'avez fait l'honneur de m'écrire. Vous avez sans doute été instruit du succès de la demande qui a été faite en faveur des français émigrants qui désirent établir une colonie sur la Tombeghee. Dans le choix de l'individu que l'on chargera de désigner la terre que la colonie est autorisée à acheter, on doit avoir grand soin que ce soit une personne d'un jugement sain, qui connaisse bien le pays, ou qui soit à même de le bien connaitre avant de déterminer le lieu.

« Je pars dans peu de jours de cette ville pour le Kentucky, où j'espère arriver en avril. Je serai bien flatté d'avoir le plaisir de me trouver avec vous et d'apprendre le progrés de votre grand ouvrage. On a fait beaucoup de notices sur ce pays en forme d'histoires, de voyages, et par des étrangers. Mais il reste encore à en produire une bonne : l'accomplissement de cette tâche, je l'espère, vous est réservé.

« Je suis, avec grand respect, Monsieur, votre obéissant serviteur.

« CLAY. »

Les correspondances d'un autre paquet nous ramènent aux derniers jours de la Convention expirante et aux journées glorieuses de son superbe épanouissement. Voici quelques traces de ces moment-là :

« Paris, le 29 brumaire, l'an 4e de la République.

« *Ministère de l'Intérieur.*

« *Direction générale de l'Instruction publique.*

« Le directeur général de l'instruction publique,

au représentant du peuple Lakanal, membre du Conseil des 500.

« Citoyen Représentant,

« La loi du 3 brumaire art. 9 charge le Directoire exécutif de nommer pour la formation de l'Institut national *quarante-huit membres* qui doivent élire les *quatre-vingt-seize* autres. Vous aviez adressé la liste des quarante-huit membres que vous aviez présentés au Comité d'instruction publique qui l'avait approuvée ; et vous deviez la proposer en son nom à la Convention nationale. Je vous prie de vouloir bien me transmettre le plus tôt possible cette liste qui devient très-nécessaire pour une opération aussi importante.

« Salut et fraternité.

« Guinguéné. »

Après avoir donné et développé, dans le sein du Comité d'instruction publique, la grande idée de la restauration ou de la création des académies et de leur constitution en un seul corps, foyer où convergeaient et d'où partaient tour à tour, les rayons de la science universelle, il donnait et faisait adopter les noms des 48 électeurs de ce grand corps. *L'Institut* était fondé.

Une seconde lettre nous ramène sur le Rhin, à la dernière mission de Lakanal « dans les départements établis sur la rive gauche du Rhin, » ces départements d'Alsace que la Convention avait conquis à la France, et que le troisième Empire lui a fait perdre. Cette lettre nous donne en même temps une note énergique sur les mœurs dépravées de ce temps-là.

« Le général Wirion, au citoyen Lakanal, etc.

« Citoyen Commissaire,

« J'ai reçu votre lettre du 10 et je me suis écrié : il n'est donc pas destitué, le citoyen Lakanal, comme le publient ses ennemis. Eh ! quels sont donc ses ennemis ? Les fripons que vous avez démasqués, les vampires que vous avez eu le courage d'attaquer en face et qui vous portent des coups de stylet à l'italienne, ceux qui voulaient se gorger de la fortune publique, en organisant la famine dans nos camps et réduisant à la plus profonde misère les braves défenseurs de la patrie, les faux patriotes auxquels vous avez arraché le masque dont ils couvraient leurs sinistres projets, les hommes immoraux qui offraient de l'argent pour avoir des places, les souteneurs de *Biribi*, de *Pharaon*, (1) et de tous ces repaires dégoûtants, où la jeunesse apprend à se familiariser avec le crime ; où l'on tient école d'immoralité, d'abrutissement et de prostitution ; les espions soldés par les guinées de Williams Pitt ; enfin les intrigants et quelques obscurs réacteurs, que vous connaissez très-bien, qui ont à Paris leurs émissaires des deux sexes, chargés de fatiguer les bureaux de leurs plates homélies et de surprendre la religion du gouvernement. Voilà, citoyen-commis-

(1) Tripots de jeux et de galanteries dévergondées du Palais-Royal;

saire, la noble engeance qui compose la horde de vos ennemis; ajoutez-y quelques gobe-mouches qui répètent tout ce qu'on dit, qui croient toujours le dernier qui parle.

« Que vous soyez ou destitué, comme le divulguent vos ennemis, ou remplacé comme le répètent ceux que votre surveillance civique gêne beaucoup, ou appelé à d'autres fonctions comme le disent d'autres personnes qui se prétendent plus instruites, vous n'en serez pas moins, au regard de moi, le *Républicain Lakanal*, le *commissaire du gouvernement qui a fait dans ces contrées tout le bien qu'il a été en son pouvoir d'y opérer*, l'homme probe et le patriote désintéressé qui a rassuré les bons et fait trembler les méchants, l'ami des bonnes mœurs et de la vérité.

« Le général, WIRION »

Avec cette note de la main de Lakanal : « J'avais mérité et obtenu l'entière confiance de tous les gens de bien des départements Cis-Rhénans. »

Enfin une dernière lettre datée de la rade de l'Isle d'Aix le 14 germinal an 2, et signée Desmartis, capitaine de vaisseau ; une lettre écrite largement sur un grand et solide papier bleuâtre que l'on dirait avoir été trempé dans les flots de la *mer bleue*, sous un clair et tiède rayon du beau soleil de germinal ; une lettre d'un marin de la République qui, à quelques jours de là (10 prairial), combattit à côté du vaisseau le Vengeur, et peut-être y mourut. (1)

Voici cette lettre qui est à la fois affectueuse, enthousiaste, naïve et fière, comme le cœur des patriotes de ce temps :

En rade de l'Isle d'Aix, le 14 germinal an 2
de la République une et indivisible.

Desmartis, capitaine des vaisseaux... de ligne à son bon ami et protecteur Lakanal, représentant du peuple.

Qu'il est long le temps que j'ai resté sans vous écrire, citoyen représentant ! Mais il est plus étendu celui que j'ai resté sans vos nouvelles ! Oh ! celui-là est amer. Oui, mon bon ami, votre silence m'a fait mal... Cette douleur pourrait-elle être indiscrète ? Non, non. L'amitié ne connait point les distances tracées par la main des hommes. Je sais bien, moi, celle que la nature a mise entre nous ; mais mon cœur s'est uni au vôtre d'une manière si intime, qu'en-

(1) Le *Vengeur* et tout l'équipage ne périt pas, comme on l'avait cru tout d'abord. « Je suis bien aise, disait Bréard à quelques jours de là, d'apprendre à la Convention que tout l'équipage du *Vengeur* n'a pas péri. Le commandant est de retour à Brest où il vient d'être promu au commandement du *Jemmapes*.

Le Vengeur, comme l'on sait, faisait partie de l'escadre réunie à Brest par Jeanbon-Saint-André pour faciliter l'entrée d'un convoi de grains venant d'Amérique et destiné à la France affamée par le blocus de la flotte Anglaise ; entouré et foudroyé par 6 vaisseaux ennemis, il refusa d'amener son pavillon, et coula aux cris de *Vive la République* ! Pendant ce temps, grâce à tant d'héroïsme, d'autres vaisseaux, plus heureux, comme le *Jemmapes*, après avoir coulé à leur tour plusieurs navires ennemis, introduisaient dans Brest le convoi.

tre lui et le vôtre il n'en reste point du tout ; ce serait mal qu'il ne dépendrait pas de moi de faire mieux ; mais combien ce serait malheureux si vous ne l'approuviez pas !

Je viens d'être promu capitaine des vaisseaux de la République, et je commande *Le Beau Jémdpes*. Guesno et Topsent avaient écrit au Ministre pour m'envoyer le brevet ; mais mon départ étant pressé, ils n'ont pas attendu. Et me voilà lancé dans une nouvelle carrière depuis le 11 courant. Je n'attends que mon biscuit pour me rendre à Brest, aux ordres de Jeanbon-Saint-André qui peste de ce que nous n'y sommes pas.

Il ne reste ici que trois vaisseaux de ligne et un vaisseau de 50. Nous partirons ensemble, ou nous nous suivrons de bien près.

Les Représentants ne m'ont nommé qu'après m'avoir vu travailler ; de quoi je les approuve fort.

J'espère que vous voudrez bien m'écrire. Je croirais qu'on m'avait chassé de votre cœur : J'ai tant d'ennemis ! et ceux-là seraient bien cruels !

Vous l'avez donc mise à exécution cette idée sublime, cette idée unique depuis le beau temps de Rome ! Quel homme ! et je ne l'aimerais pas ? Je défie à un seul être honnête de te connaître sans t'aimer !

La municipalité m'écrit que désormais les voyageurs chercheront où étaient les difficultés dont on les avait effrayés pour parcourir notre département. Eh ! pourquoi donc tous les autres n'en font pas de même ? Je conçois que les hommes de génie sont rares ; mais au moins lorsqu'on a suffisamment promené de grands yeux ébahi sans rien voir, on se demande : comment a-t-on fait là-bas ? et puis, on marche.

Pour vous, qui n'avez pas besoin d'ouvrir les vôtres sur les œuvres d'autrui, marchez toujours, et toujours dans *notre pays*. C'est le désir le plus ardent que mon cœur puisse former.

Salut, respect, fraternité, mais surtout amitié éternelle.

DESMARTIS.

Nous aimerions à terminer ce complément de notre étude sur Lakanal par cette lettre, mais un dernier regard, jeté sur des livres et des journaux que Mme Lakanal a joints à tous ses papiers, parcequ'il y est question de son mari, nous fait rencontrer une notice d'Isidore Geoffroy-Saint-Hilaire, dont nous connaissions l'existence, et que nous avions vainement cherchée dans les bibliothèques où nous avons recueilli la plupart des autres documents.

Nous trouvons dans cette précieuse notice d'un disciple qui avait étudié, dans l'intimité de tous les jours et dans la maison de son père, celui qu'il appelle dans toutes ses lettres, *son maître vénéré*, nous y trouvons, dans toute sa vérité et dans tous ses détails, le récit des derniers moments et des suprêmes paroles du grand Conventionnel. Voici, sans autre commentaire, ce récit, dans sa gravité simple et touchante :

« Vers la fin de 1844, il prit froid en sortant de l'Institut. Peu de jours après, il dut s'aliter ; et, à partir de ce moment, ses forces déclinèrent rapidement. L'un de ses plus chers collègues à l'Académie, un ami qu'il aimait comme un fils, M. le docteur Lélut, l'entourait en vain des soins les plus éclairés et les plus tendres : la mort s'approchait de jour en jour. Le malade, aussi bien que le médecin, connut bientôt toute la gravité du mal, et sa fermeté ne se démentit pas un seul instant.

« Vos soins ne peuvent me sauver, dit-il, un jour, à M. Lélut, *il n'y a plus d'huile dans la lampe !* » Et à un autre de ses collègues : « Je vais paraître devant Dieu, le cœur pur, les mains nettes. » — Il consolait ses amis, comme si celui que la mort allait frapper eût été seul au-dessus de ses atteintes.

« Le 13 février, plusieurs symptômes, précurseurs d'une fin prochaine, s'étaient manifestés : la parole du malade, lente, faible, semblait près de s'éteindre; c'est à ces moments même que, prenant la main de M. Lélut, et le retenant près de lui :

« Mon ami, dit-il, je n'ai plus rien à faire « dans la vie ; il ne me reste plus qu'à bien « la quitter : Je vais, ajouta-t-il en souriant,

« je vais, comme disait Rabelais, chercher le « mot d'une grande énigme. Saint-Augustin « dit : *Deus, ens de quo valde dicitur, parum « concipitur* ; Je n'en sais pas plus long que « lui sur ce point... Je crois à la Providence. « Qu'est-ce que c'est ? Je ne le sais pas bien ; « mais je me présenterai avec confiance devant « elle. Je n'ai regret à rien de ce que j'ai fait, « et je verrai arriver sans crainte le moment « de m'en expliquer. »

« Telles furent les paroles suprêmes de Lakanal ! Le soir même, une crise terrible avait commencé. Le 14, dans l'après-midi, il parut cependant reprendre quelque force, et il voulut revoir une fois encore ses amis sur cette terre qu'il allait quitter : il ordonna qu'on allât chercher M. David (d'Angers) ; il voulut bien demander aussi celui qui écrit ces lignes... Ce furent ses derniers désirs, et ils étaient trop tardifs. Une heure après nous arrivâmes tous deux au chevet de Lakanal.,. Il venait d'expirer ! »

Ces détails nous ont été confirmés par Mme Lakanal que nous avons quittée profondément ému de tout ce que nous venions de voir et d'apprendre, et pénétré d'une respectueuse sympathie pour cette noble femme de 72 ans qui vit seule, au milieu de ses reliques, des trop modiques revenus de sa pension.

Foix, imprimerie typographique BARTHE et Ce

BIBLIOTHÈQUE ... IMPRIMÉS

A LA MÊME LIBRAIRIE

PASCAL DUPRAT

L'ESPRIT DES RÉVOLUTIONS

2 volumes in-18 ; 5 francs

HISTOIRE DE FRANCE

PAR J. MICHELET

19 volumes in-18, à 3 fr. 50 le volume

CHAQUE VOLUME SE VEND SÉPARÉMENT

Cartonné à l'anglaise. — Prix : 4 francs le volume

POUR PARAITRE PROCHAINEMENT

HISTOIRE DE LA RÉVOLUTION

PAR J. MICHELET

9 volumes in-18, 3 fr. 50 le volume

Cartonné à l'anglaise. — Prix : 4 francs le volume

(ENVOI FRANCO CONTRE MANDAT)

FOIX

IMPRIMERIE TYPOGRAPHIQUE BARTHE

www.ingramcontent.com/pod-product-compliance
Ingram Content Group UK Ltd.
Pitfield, Milton Keynes, MK11 3LW, UK
UKHW020251180726
13839UKWH00001B/296

9 782329 271019